産婦人科医
宋美玄先生が

娘に伝えたい。性の話

宋美玄 監修
カツヤマケイコ 漫画

SEI no hanashi
by
Mihyon Song
Keiko Katsuyama

小学館

はじめに

突然ですが、あなたは性についてどのくらいお子さんに教えられますか？

そもそも日本では、性に関して、国や学校から情報は発信されません。文部科学省が定める学習指導要領では、性教育に関して、月経や妊娠の仕組み、男女の体の違いについては教えても、肝心な「妊娠するための行為＝セックス」については、教えてはいけないことになっているのです。外国にあるような性教育をしてくれる施設やセンターもなく、聞いてはいけないもののように扱われることも少なくありません。

しかし、性の知識は、タブーでも恥ずかしいものでもないのです。むしろお子さんが幸せな人生を歩むために持たなければならないライフスキル。だからこそ、親御さんひとりひとりが「せめて自分の子どもだけは守ろう」と強く意識して性について学び、伝えていくことが大切です。

私にも娘がいます。生きていくのに必要な正しい性知識を伝えるのはもちろんのこと、万が一、娘が妊娠や性被害など困った状況になったときに、まず頼りにしてもらえる存在でいたいという思いで、小さな頃から性についての話をしてきました。そこで教えたこと、そしてこの先話すであろう内容も含め、本書にまとめました。

この本によって、ひとりでも多くの女性が、正しい性知識に導かれて幸せになることを願っています。

contents

3章 「ひょっとしたら」を恐れずに
——LGBT・自傷・男の子の性

4章 親子で話そう性のこと
——性教育カード

characters

正しい性の知識を広めたいと
奮闘する産婦人科医。
女の子と男の子のママでもある。
性教育に悩むママたちのミカタ。

普段はおっとりしているが
いざとなると誰よりも強い
あつこママ。
元気いっぱいのなおき（小1）と
無邪気なかりな（年中）の
一男一女。

気になったことは徹底的に
調べずにはいられないれなママ。
しっかりもののみさき（小5）と
甘えん坊のひろ（小1）の
一男一女。姪っ子のまい（中2）
がよく遊びに来る。

陽気であわてんぼうな
ともこママ。
少々反抗期のはるな（高1）、
ゲーム大好きのあきお（小4）、
おしゃまなあいな（小1）の
一男二女。

1章

知っていますか？女性の体

性教育・生理・妊娠

vol.1 ……………………………… 性教育って必要？

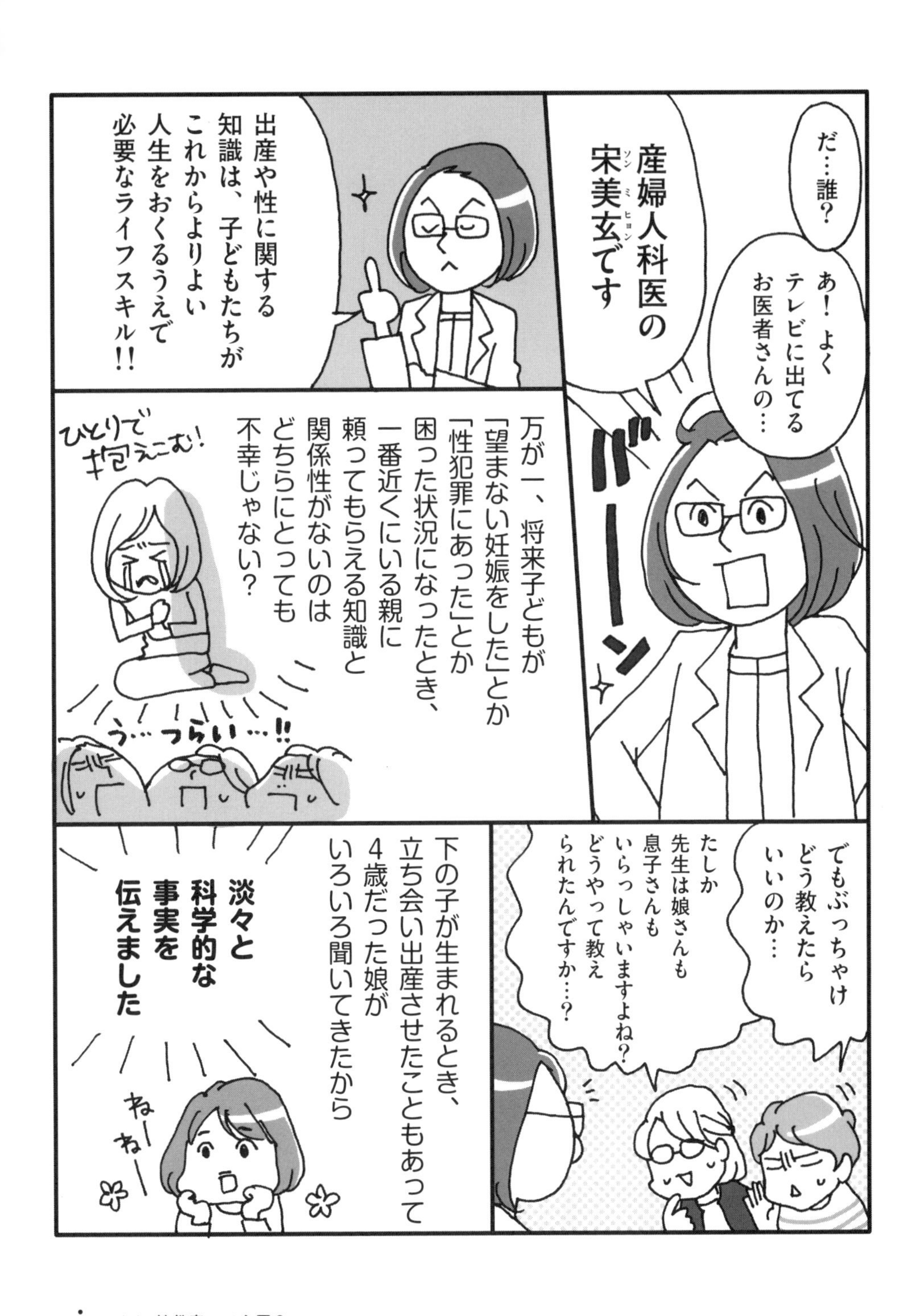
だ…誰？
あ！よく
テレビに出てる
お医者さんの…
産婦人科医の
宋美玄です
ソン ミ ヒョン
ドーン
出産や性に関する
知識は、子どもたちが
これからよりよい
人生をおくるうえで
必要なライフスキル!!
万が一、将来子どもが
「望まない妊娠をした」とか
「性犯罪にあった」とか
困った状況になったとき、
一番近くにいる親に
頼ってもらえる知識と
関係性がないのは
どちらにとっても
不幸じゃない？
ひとりで抱えこむ！
う…つらい…!!
でもぶっちゃけ
どう教えたら
いいのか…
たしか
先生は娘さんも
息子さんも
いらっしゃいますよね？
どうやって教え
られたんですか…？
下の子が生まれるとき、
立ち会い出産させたこともあって
4歳だった娘が
いろいろ聞いてきたから
淡々と
科学的な
事実を
伝えました
ねー
ねー

赤ちゃんはどうやってできるの？
女の人にはお腹の中に赤ちゃんのおうちがあってな…
おうち
お母さんのおまたを通って生まれてくるんや
ス、ストレート！
そのまんま伝えたらいいんや
息子（3歳）にも
わーっっママ、血ーっ!!
ああコレか？
これは「生理」といって女の人は大人になったら月に一回血が出るんや
やだーっ
赤ちゃんがいつお腹にできてもいいように、赤ちゃんのベッドを作るんやけど赤ちゃんができなかったらベッドはいらんから、古くなったベッドを一回外に捨てるんや。それがこの血！
赤ちゃんのベッド…
ふーん…
うわー私は生理のときはひとりで入るようにしてます…
とくに息子とは…
えー？ せっかくのチャンスやのに？

生理まではギリギリ教えられても…それ以上の性教育はムリかも…
とくにセッ…性…交…のことなんてとてもとても
男の人のペニスが、女の人のヴァギナに入って、ペニスから精子が飛び出して、女の人の卵子と結びついて、子宮に着床したら赤ちゃんができる…
ってか？
THE☆科学的事実
うわあああああっ
ムリムリムリムリー！
がっ 学校にお任せしてもよろしいでしょうかーっ!!
手におえません
アカンアカンそれだけでは不充分や
NO
自分らのときも学校の授業で性のすべてがわかったかー？
うっ
そもそも小中学校の性教育の授業では学習指導要領によって「性交」や「避妊」という言葉は使わない取り決めになってるんやで
NGワード
性交
避妊
ええええ!!

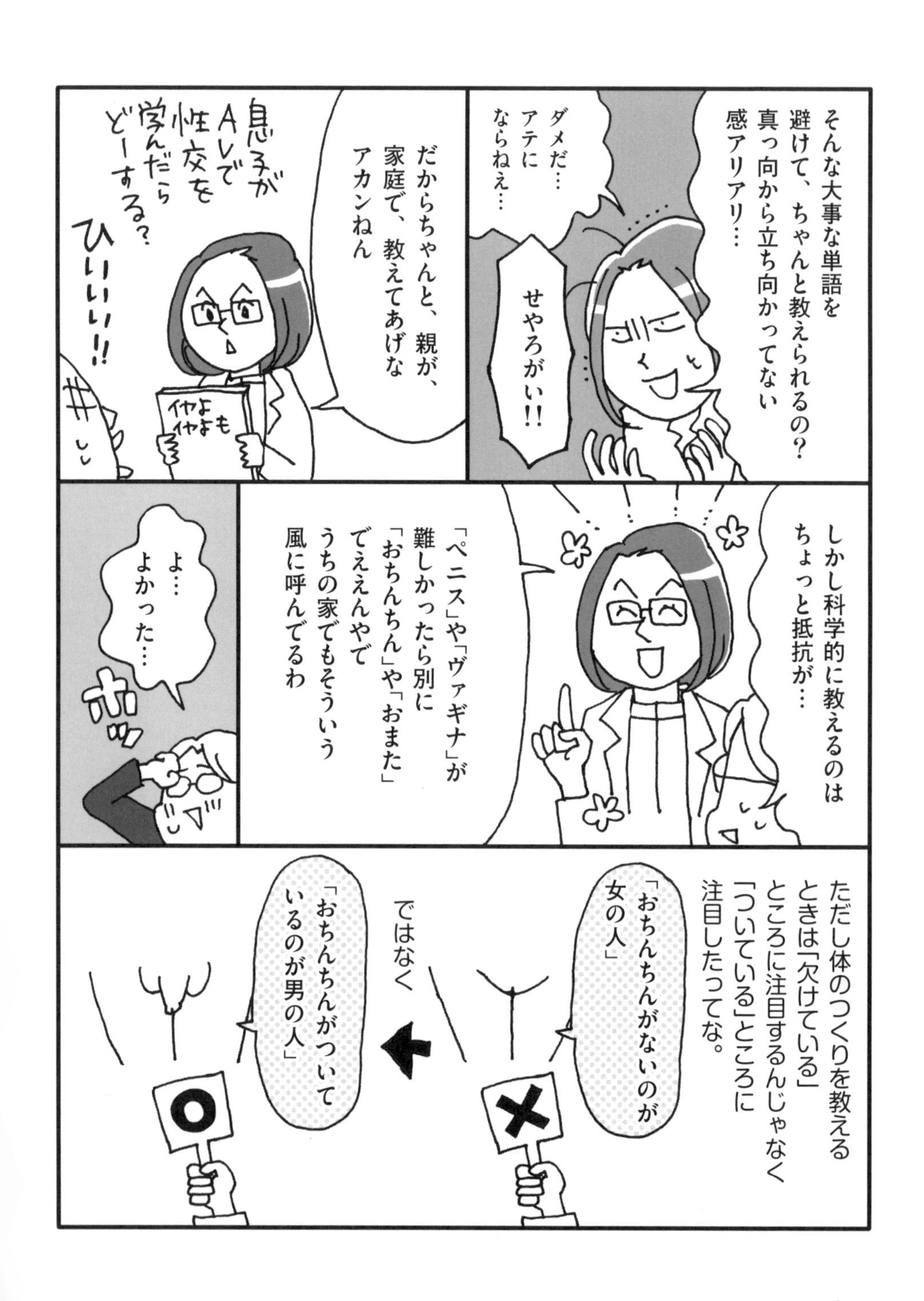

そんな大事な単語を避けて、ちゃんと教えられるの？真っ向から立ち向かってない感アリアリ…
ダメだ…アテにならねえ…
せやろがい!!
だからちゃんと、親が、家庭で、教えてあげなアカンねん
息子がAVで性交を学んだらどーする？
ひいいいい!!
イヤよイヤよも
しかし科学的に教えるのはちょっと抵抗が…
「ペニス」や「ヴァギナ」が難しかったら別に「おちんちん」や「おまた」でええんやでうちの家でもそういう風に呼んでるわ
よ…よかった…
ホッ
ただし体のつくりを教えるときは「欠けている」ところに注目するんじゃなく「ついている」ところに注目したってな。
「おちんちんがないのが女の人」
ではなく
「おちんちんがついているのが男の人」

『おへそのあな』
作・絵
長谷川義史
『ぼくどこから
きたの？』
作・ピーター・メイル
絵・アーサー・ロビンス
訳・谷川俊太郎

おぉお！
全然
ごまかしが
ありませんね！
スゴい!!
あー
一緒に読みながら
説明してあげて
こうやって
赤ちゃんができるんだねー
なるべく小さいうちから
そういう関係性を作っておいた
ほうがお互い照れがなくなるから
ぼく
性教育で一番やったら
アカンことは
ねーママ、
セックスってなにー？
そんな話
しちゃダメッ
とか
わかんないっ、
そんなこと
聞かないで
とか
やだもう
この子ったら
否定的な反応をすること
はずかしい
こと
ママが
いやがる
言わなきゃ
よかった
聞いちゃ
ダメ
ごめんな
さい…
言っちゃ
ダメ
こうなると、二度と親に
性の話をしてくれなくなる

ママもお話するのは
恥ずかしいんだけど…
と、
前置きするのはOK！
とにかく親の固定観念を
押しつけたらアカン
メルヘンや神秘を
持ち出すのもよくない
ヘタしたら
トラウマを
うえつけることにも
なるからな
ガ
じゃあ
コウノトリも…
キャベツ畑も…
エへへ
言うて
もうたん
か…
「子どもが親を選んで
空からお腹に来た」というのも
親が思う神秘の押しつけ
やからナシやで
でも「自分のところに
生まれてきてくれて
幸せ」ということは
しっかり伝えてあげよな！

それはそうと「おまた」の洗い方って娘ちゃんに教えてあげてる?
おまたの洗い方!!
えええ教えてませえええん
なぜなら私が教わったことがないからです!
私なんて子どものときはおまたを触るのがなんだか怖くてロクに洗ってませんでしたよ…
今はちゃんと洗ってますよ!!
おまたは専用のソープを使い、しゃがんでおまたを開き、ひだの内側外側を優しく洗う!
ナマナマしいのでうさぎちゃんで…
M字開脚!
今のうちなら抵抗なく教えられるかなー
次女・あいな(小1)
他の部分は洗い方、教えてるのに…そこだけ教えないのもヘンだよね
一番大切な部分なのにねー

一緒に
トイレでの拭き方も
教えてあげてほしいわ
前から後ろにスライド
させずに、紙をあてて
じんわりとしみこませて
吸いとる
ぎゅー
じわあ。。
前から後ろに
こすってしまうと
膣に菌が入ってしまう
ことがあるからな
なるほど
同じ理由でうんちの
ときも後ろから前に
こすったらアカンで
××
大人になっても
知らないこと
だらけだわ
…
しゅん…
新しい情報もなかなか
アップデートしにくいしな
だからこの本を読んで
親子で性について
学んでほしい！
お願いします！

性知識は幸せに生きるためのライフスキル

性教育は学校に任せておけばいいと思っていませんか？

しかし下の表を見てください。下記に挙げた表は日本性教育協会が行った「青少年の性行動」のアンケートで、「あなたは、いままでに、次のような内容を学校で教わった覚えがありますか？」の質問の回答です。中学生の男女のうち、セックスを学校で学んだと答えた人は2割程度、避妊や中絶も1割強。なぜならば国から発せられる学習指導要領では、小中学生に対してセックスや避妊を教えてはいけないとされているからです。指導要領では、小学生で思春期の体の成長や心の変化、

あなたは、いままでに、次のような内容を学校で教わった覚えがありますか。（複数回答）（％）

	中学		高校		大学	
	男子	女子	男子	女子	男子	女子
妊娠のしくみ	70.4	75.0	84.1	87.9	85.0	88.9
セックス（性交）	21.7	16.0	56.8	48.6	50.7	41.8
避妊の方法	17.5	13.0	81.2	79.5	78.0	74.7
人工妊娠中絶	11.2	11.4	55.1	53.2	52.1	53.0
自慰（マスターベーション、オナニー）	16.9	4.7	50.9	24.2	52.0	24.6
HIV／エイズ	36.7	28.8	89.2	91.6	86.2	89.6
クラミジアや淋病など性感染症（性病）	21.8	16.0	78.6	74.4	65.4	64.9
男女の心の違い	63.8	66.7	62.0	58.5	56.4	49.1
恋愛	39.5	39.6	37.4	26.7	32.0	24.7
男女平等の問題	46.2	45.1	56.4	48.1	61.9	58.4
デートDV（恋人間の暴力）の問題	17.8	19.0	51.4	53.4	53.0	60.6
セクハラ、性暴力の問題	20.1	16.9	52.8	46.4	59.3	56.0
性の不安や悩みについての相談窓口	17.1	17.1	37.3	27.5	41.7	35.4
性的マイノリティ（同性愛、性同一性障害など）	14.6	15.1	36.8	26.9	50.2	51.8
男性のからだのしくみ	79.1	73.5	80.8	76.9	80.7	81.2
女性のからだのしくみ	70.2	87.7	78.3	85.6	76.7	87.8
その他	1.0	0.9	0.9	0.6	0.4	0.3
特に教わったことはない	4.7	1.8	1.6	0.3	1.8	0.5
わからない・無回答	3.1	2.1	2.2	2.0	1.9	2.2
基数	2290	2150	2127	2149	1776	2407

出典／日本性教育協会編『「若者の性」白書 第８回青少年の性行動全国調査報告』（小学館・2019）

女子のみ月経の詳細を学び、中学で妊娠・性情報の対処法・性感染症について学びます。妊娠といっても、「生殖器が成長して、妊娠が可能になる」「受精・妊娠という事象を取り上げる」という話で、妊娠の過程や経過は取りあつかわないことになっています。「性交渉」「セックス」という言葉も「性的接触」という言葉に置き換えられます。

そこで、子どもたちは、友人や先輩、マンガやインターネット、そしてアダルト動画にその情報を求めます。それが正しければよいのですが、過剰で偏ったものも少なくありません。さまざまな性情報が氾濫するこの世の中、その情報が正しいか正しくないかの判断ができる最低限の性知識を伝えましょう。それは子どもがこれから幸せな人生をおくるためのライフスキルとなるでしょう。

「赤ちゃんはどうやってうまれるの？」が性教育のスタートサイン

性教育を始めるのはいつからと気にされる方がいらっしゃいますが、お子さんが興味を持ちだしたときがチャンス！「赤ちゃんはどうやって生まれるの？」という質問が来たらスタートの合図です。おっぱいやおちんちんに関する質問が出たときも同様です。少々照れくさいですが、なるべく科学的知識に則（のっと）って淡々と教えてあげてください。性に関する絵本などを準備しておき、その質問が出たらすかさずその本を取り出して、一緒に読んでみるのもいいでしょう。本書巻末の「性教育カード」も活用してみてください。

また、正しい知識を伝えることに注力するより、「性の話をするのは普通のこと」と子どもに思ってもらう土壌を作っているんだと意識するとよいかもしれません。先に触れた日本性教育協会のアンケートでも、年々、子どもが性に対して「楽しくないもの」「きたないもの」というイメージを強く抱くようになる傾向もみられます。性行為も性衝動も普通のことと考えたり、また妊娠や性病などトラブルにあったとき、まず親に相談できる関係を持っているほうが、ずっと幸せな人生を歩めると思います。

column
教えて!!
エキスパート

ネットの中の性情報

性教育の話をすると、多くの親御さんが
「子どもがネットで偏った情報や過激な表現を目にしたらどうしよう」と不安を打ち明けます。
ネットの世界がよくわからないうえに、怖い情報だけはどんどん耳に入ってくる。
そこでネットリテラシーに詳しいグリー株式会社・小木曽健さんにお話をお聞きしました。

Q

**なぜネットの性情報は過激なんでしょうか？
またその手のサイトを見せないために親がやっておいたほうがいいことは何ですか？**

answer

過激かどうかは、性情報の「定義」、また「何を見せたくないか」によっても変わると思いますが、ネットに限らず、過激ではない、偏っていない性情報というものは、基本的に存在しません。私たちが子ども時代、こっそり見ていたいわゆる「エロ本」や深夜番組が、ネットに代わっただけです。

子どもたちは、ネットの検索、ネットにまとめられている情報、子ども同士の情報交換などでそういったサイトにアクセスします。大人ができることといえばスマホならフィルタリングを設定、ユーチューブなら子ども用アカウントでログインさせることで、明らかな問題コンテンツならばアクセスを遮断できます。パソコンの場合は家族向けのセキュリティソフトを設定すれば、問題コンテンツへのアクセスを把握・制限できます。

ただし、フィルタリング・セキュリティソフトでカバーできるのは、性情報全体のごく一部です。「性情報」というカテゴリーはあまりにも広すぎますし、お子さんが自分で調べれば抜け道も見つけられるので、保護者が「見せたくない」と考える情報を完全にシャットアウトすることは残念ながら難しいと思ってください。そもそも「見せなければ安全」といった単純な話ではないことも認識すべきです。

性表現が激しいマンガサイト広告を表示させないようにすることはできますか？

answer

広告に「×マーク」があれば、それをクリックすることで次から表示されにくくなる場合があります。広告ブロックアプリを使用する方法、スマホのOSで制限する方法もありますが、すべての広告が同じしくみで表示されているわけではないので、あくまで「表示されにくくなる」程度だと思ってください。

ネット上の膨大な情報を、誰でも自由に、ほぼ無料で手に入れることができるのは、そのような広告のしくみが存在しているからでもあるので、そういった広告をクリックした場合、悪質なサービスだったらどうなるのか、ということをしっかり教えることのほうが有効でしょう。

親のわいせつな情報を遮断したいという気持ちは理解できますが、それが果たしてどの程度のリスクなのか、遮断にどれだけ効果があるのか、そもそもネットがなければ問題が解決するのか、という根本的部分から整理する必要があります。

ネットは、見えないものを見えるようにする道具です。いままでも存在していた、でも親の目に入ってこなかった情報が、わかりやすく表に出てきたに過ぎません。また、ネットの情報に接することがゆがんだ犯罪を助長しているという客観的、長期的な検証データは未だ存在しません。

自分たちが子どもだった頃を考えれば、性別を問わず、大人が隠せば余計に興味を持つのは当然ですし、また隠しきれるものではありません。そこは子どもを信用して、それよりも、ネットを中心とした情報リテラシーを身につけてもらうことのほうが重要です。ちなみに一度でもそういった広告をクリックすると、以降も表示されやすくなるので、親子で端末を共有している場合は、親も注意が必要です。

profile

小木曽健

おぎそ・けん／1973年生まれ。埼玉県出身。IT企業で社会貢献部門の責任者を務める傍ら、書籍執筆や連載、メディア出演などを通じて、情報リテラシーに関する情報発信を幅広くおこなっている。著書に『11歳からの正しく怖がるインターネット』（晶文社）、『ネットで勝つ情報リテラシー』（筑摩書房）などがある。

キーンコーン
カーン
コーン
学校の授業参観の帰り
この前、長女の学年で例の授業があったらしくて
長女・みさき（小5）
みさきちゃん5年生だっけ？そろそろよねー
？「例の」って!?
女子だけ体育館に集められる例のヤツよ!!
ああ
みさきちゃん…まだなんでしょ？
うーん、でもクラスで何人かは始まってるみたい。うちの子、背も高いから、そろそろかも
はるなちゃんは？いつからだった？
うち？
山田家長女はるな（高1）
うちは中学になってからだったよー。毎回生理痛がキツいみたいで月に一度は大騒ぎよ…
学校ムリ!!
もうすぐ試験でしょ!?
あらかわいそうに

私だって、毎月痛みに耐えて仕事に行ってるんだから「ちょっとはガマンしなさい」って言ってるんだけどね
生理なんて痛くて当たり前でしょ？
ぐおお…
こらこらこら
宋先生！
うちのクリニックでは「生理痛撲滅運動」実施中や!!
ムダにガマンしないで薬を飲むとか婦人科で相談するとか適切な処置を教えたって!!
えーでも薬ってだんだん効かなくなるんでしょ？それも怖いなって
生理痛ないのが当たり前という世の中に!
バーン!
喝!!
痛くなったらまず薬!!
ガマンしたって何もいいことないで〜

生理痛の薬は、効くまでに時間がかかるから、痛み出したらすぐに飲むこと！
月に1日か2日のことだから、薬がクセになったり、効きにくくなるなんてことはそうそうあらへんで
そうなんだ「みんな痛いんだし…」って、ガマンすることに慣れちゃってたかも
あと、なんてゆーの？生理という「女だけに与えられた神秘的な現象」に薬で対抗するのは抵抗があって…
神・秘・的!!
何で生理が「神秘的」なんやあっ
生理が神秘的…どころか
アンタ…子宮ビジネスの餌食にされるで…
ヨヨヨ…
生理を「デトックス♡」とか言ってるのも間違いやでー!!
ひっ
ガッ
生理をポジティブなものとしてとらえようとするあまりそんな風に言うてな!!
デトックスは尿で充分!!

そもそも、生理のことちゃんとわかってる？
なぜ毎月、おまたから出血があるのか!?
えっと…子宮の中に血がたまって…月に一度排出される？ 的な？
ちゃうちゃうー!!
すみません。なんかボンヤリとしか、わかってないかも
テヘ
私もよくわかってない
私も
自分の体のことやでーっ
ほなこの機会におさらいしておこーっ!!
生理とは!!
赤ちゃんが育つ子宮は毎月、妊娠のための準備をしているんや
卵巣
卵管
ポン
卵子
月に1回、卵巣から卵子がとびだす。これが排卵
その後卵子は卵管へ移動するんや

卵子が卵管にたどりつくと
赤ちゃんが
できたときのベッドとなる
べく、子宮の内側になる
子宮内膜が
ぶ厚くなっていく
フカ
いつでも赤ちゃんカモーン!!
フカ
排卵後の卵子の寿命は、
たった1日。この間に受精
できなかった場合…
子宮内膜は必要が
なくなるので、はがれ落ち、
血液と共に体外へ
流れ出る
ズルリ…
さようなら…
これが
生理や
子宮内膜が
はがれる時の
出血だったの
か～
超いまさら!!
生理痛は
経血を体外に排出するために、
子宮が収縮することで、
お腹が痛くなったり
頭が痛くなったりするんや
キュ～ッ
ありたたたっ
なるほど

つまり
「生理が毎月くるのは
健康な証拠」
と思われてるけど
「妊娠する準備があった」
というだけのことで、
医学的にみても
「おまたから
血が出ること」には
何のイミもありません!!
出ようが出まいが健康であることとは一切関係なし!!
ええ——!
ざわ…
ざわ…
昔の人は
妊娠の回数が
多かったので
生理の止まる
期間が長かった
現代の女性
昔の女性
初経
約12才
約15才
妊娠
30〜40代
10代後半〜40代
出産
0〜2回
5〜8回
生理回数
約450回
約50回
100年前に比べると
生涯の月経回数は
約2〜9倍に増えてるんや
9倍!!!
そんな
多いの!?
9
こんなに生理があるなんて、
人類史上初めて!
むしろ不自然なことなんや
むしろ
不自然な
ことなんで
すね…
ひいい…
さらに
生理があると
内膜症の
リスクも
高くなる

生理の血の一部は卵管を逆流して卵巣や腹腔内に流出することがあり、その中に内膜組織があって、うっかりはりついて育ってしまうと卵管内膜症や腹腔内膜症を引き起こすんや
逆流することが!
内膜
内膜
排卵や生理で内膜がはがれるたび、卵巣や子宮では炎症が起こってるから負担もかかる
また生理か…キツいのう…
フゥ
フゥ
だからピルなどの薬で生理の回数を減らしたり、生理を軽くしたりして、子宮を休めることも大事なんやで
それ以前に生理ないとめちゃラクやで
え? ピルって生理の期間をずらすだけじゃないんですか?
旅行の予定があるしこの週は避けたい…ピルで調整するか…
ちゃうちゃう! 生理を抑えることもできるんやで!

うーん生理に対するイメージ改めよ
とりあえず痛くなったら薬を飲むようにします！
そうやな！
薬を飲んだあとは患部を直接温めたり温かい飲み物を飲むとえええよ
ところで宋先生、娘に初潮が来たときに親としてやってあげられることってなんでしょう？
お赤飯を炊いてお祝いするとか？
いやそれは最悪やろ
思春期の女の子はデリケートなので父親に知られたくないと思う子も多い。夫婦間でこっそり情報共有を
実は…
おお！
「生理が始まる」ということは子どものプライバシーなので報告を義務づけないで
報告するしないは子どもの自由！
でも、言ってもらえないとこちらから教えてあげられないじゃないですか
ナプキンも買ってあげないといけないしねえ

娘の乳房が膨らんできて
アンダーヘアが生えてきたな
…と思ったら
今日から一人でお風呂入るね…
スポーツブラ
そろそろかもな…
そこは!!事前に準備して教えてあげればええのや!
ナプキンはここに置いてあるから
多い日用はこっちね
使用済はこの中に捨ててね
生理に関する本を渡したり、親に報告しなくても自分で対処できるようにしておいてあげよう
中には、生理が始まったことに対して嫌悪・抵抗・反発を感じる子も
いやだ
不潔
気持ち悪い
大人になんてなりたくない…
親との関係性や親自身の生育歴とも関係がある場合が…

たとえばこんな親とか…
ブラジャー？
まだ早いでしょ！
そんな
レースの
下着…
何、色気
づいてるのー
白で充分！
親も自分自身の生理が
始まったときの気持ちを
思い出してみて
必要があれば
カウンセラーに
相談してみても
いいと思う
うーん
忘れちゃったなー
父親に
「おめでとう！」と
言われたことだけは
イヤすぎて
覚えてる
私はとにかく
そのことに触れて
ほしくなかった…
最初って確か
来たり来なかったり
だったよね？
えー？
そうだった？
そう。初潮が来てから
しばらくは不定期で
あたり前なんや
あれ…
そういえば
今月…先月も…？
でも3ヵ月間来ないなんて
ことがあったら、将来
妊娠しにくくなったり、
骨粗鬆症のリスクが
あるので婦人科を受診
したほうがええよ

本人の気持ちを尊重しつつ、関わってやるところと、そっとしておくところをしっかりと分けて考えなきゃダメですね
以前、母親にナプキンを管理されていて「最近生理来てないけど大丈夫？」て言われるから周期を整えてください!!と言ってきた患者さんがいたわ
大丈夫？
ひっ
えーなにそれ。ホラー
怖ー
妊娠うたがわれてるってこと？
プライバシーとは…
そこまでじゃないにしても、娘の生理をチェックしすぎないこと！
大事なのは、子どもが不安を感じているときに寄りそってちゃんと対処してあげること
何かあった？
子どもの生理にまつわるトラブルは、大人と何か違うんでしょうか？
自分の頃のこと忘れちゃった…

大人と同じように
PMS(月経前症候群)
もあるし、イライラしたり
だるかったり、お腹や腰が
痛くなったりしたりします
イ―ッ
ひどい場合の
対処法はピルを飲んで
排卵を止めたり
漢方薬を服用すること
特にひどい場合、子宮内膜症
の恐れもあるので必ず
婦人科を受診して
子どもでも
子宮内膜症とか
なるんですね
あたり前や
でも子どもを
婦人科に連れて
行くのは抵抗が
あるなあ
私自身、初めて
婦人科受診したのって
妊娠してからだし…
海外では女の子が
ある程度大きくなったら
かかりつけの婦人科医を
持つのが一般的な国もあるで
でもなー、子どもの
うちから内診させる
のは…ちょっと…
大人でさえも
なかなかに
キツいし…
んだんだ

性体験のない人の
膣を診ることや
膣内に器具や
指を入れての
内診はほぼないよ
おまたに痛みやかゆみが
ある場合は性器も
診せてもらうけどな
エコーだけで
ちゃんと
わかるんです
か？
もちろんわかります。まれに
どうしてもエコーなどでは
見えない場合、直腸（肛門）
から器具を入れて診ることも
肛門!!
それも
イヤだけど…
とにかく婦人科の受診の
ハードルを低くしたほうが
将来的にも安心。
重とくな場合だけでなく、
「生理が始まったんで来ま
した♡」くらいの感じで来て
くれたらええねん
カジュアルに…
性教育と同じで、
ヘンに構えたり敬遠したり
しないほうがいいんです
ね…

ちなみに、いいかかりつけのお医者さんは、どうやったら見つかりますかね
うーん。そればっかりは相性が大きいからなー
とりあえず診てもらって気に入らなければ別の病院、先生に変えればいいと思うで
あの先生はちょっと…
変えられても医者はなーんも気にしてないいし
私も全然かまへんわ
ただ総合病院はお産や手術で忙しいので「生理痛」の相談まではなかなか手が回らないのは事実
町のお医者さんに診てもらうほうがいいと思う
どうしましたー?
ってもうこんな時間~!!
午後の診察始まってしまう!!
なんかあればうちのクリニックおいでー。ほなっ
コンビニ

2

生理のしくみをおさらいしましょう！

初経はだいたい10歳から14歳の間に来ます（平均初潮年齢は12・4歳）。体重やBMI（体重と身長の関係から、肥満度を示す体格指数）が関係し、体格のよい子が早く迎える傾向があります。

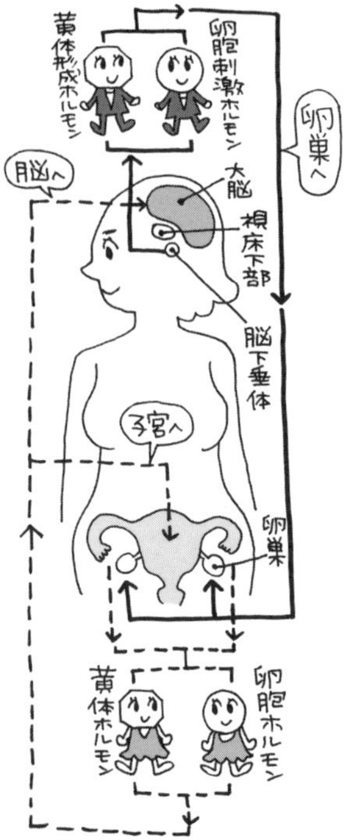

生命の神秘!? 意外と複雑な月経のしくみ

巻末の性教育カード⑥「生理のしくみ」に加えて、知っておきたい生理のことをまとめました。

生理は子宮の中だけで起こっているのではありません。生理を引き起こす、大脳下の脳下垂体からでる性腺刺激ホルモン（卵胞刺激ホルモンと黄体形成ホルモン）と、卵巣から出る女性ホルモン（卵胞ホルモンと黄体ホルモン）。これらが上図のように複雑に絡まり、生理が起こります。

生理のリズム

下の図のように、女性の体調は、約1ヵ月周期で変化します。
特に思春期は体の変化が出やすく、生理周期が安定しないなどトラブルが起きやすい時期。
気になるときは基礎体温を測ってみるとよいでしょう。
基礎体温は、起きてすぐの安静な体温を測ります。

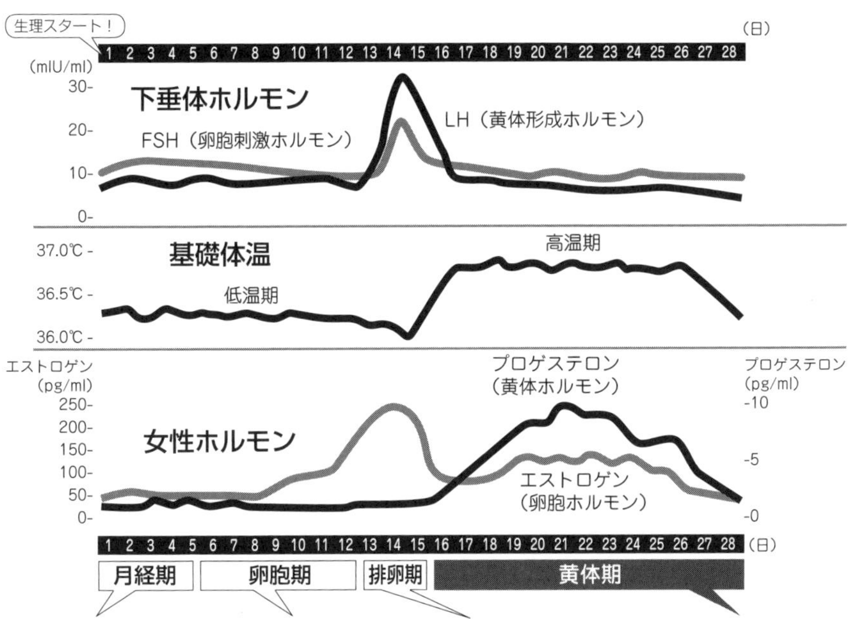

月経期
受精卵が子宮に来ないと、卵胞ホルモンと黄体ホルモンが急激に減少して生理が始まります。この時期は気持ちが不安定になり、下痢や便秘、倦怠感（けんたいかん）も出やすいので体をしっかり休ませること。思春期はニキビなど肌トラブルも増えます。

卵胞期
脳下垂体から卵胞刺激ホルモンが分泌され、卵巣の中で卵胞（卵子を含んだ球体の袋）が成長する時期。卵巣からも卵胞ホルモンが出て、子宮内膜が厚くなり始めます。むくみもとれ、体調や肌の状態も、いちばんよくなります。

排卵期
卵胞が成熟し、卵胞ホルモンの分泌がピークに。卵子を受精しやすい状態にする黄体形成ホルモンも分泌され、卵胞から卵子が飛び出します（排卵）。この影響で、食欲の増減、頭痛やイライラ、眠気、お腹が張るなどの不調が出やすくなります。

黄体期
排卵後、卵胞が黄体形成ホルモンの影響で黄体という黄色い組織に変化。この黄体から黄体ホルモンが出て、子宮内膜をさらに厚くし、受精を迎える状態に。基礎体温があがり、だるさや腹痛を覚えることもあります。

思春期の生理には トラブルがいっぱい

女性の子宮や卵巣などの性機能が完成するのは一般的に18～20歳とされています。その手前の思春期は、毎月の排卵や生理周期などが安定せずついあれこれ考えすぎてしまい、子どもがひとりで不安になりがち。何かあれば相談するように伝え、必要があれば婦人科を受診させるようにしましょう。

○生理周期のトラブル

頻発月経

一般的な生理周期より期間が短い（24日以内）。

〔原因〕思春期はホルモンバランスが不安定で無排卵月経のことも多く、周期が早まることもある。

〔対処法〕周期が短くても、くり返し生理が来るなら、焦らず経過を観察する。毎回同じくらいの周期であれば体質の可能性もある。

稀発月経

一般的な生理周期より期間が長い（39日以上3ヵ月以内）。

〔原因〕無排卵月経や卵胞が育つのに時間がかかる。急激な体重の増加や無理なダイエットなども影響することがある。

〔対処法〕間が開いても、くり返し生理があるなら、経過観察。3ヵ月以上来なければ、病院へ。

続発性無月経

それまで順調だった生理が3ヵ月以上来ない。

〔原因〕過度なダイエットや肥満ストレス、激しい運動。多くはないが、脳下垂体の腫瘍や内科系の病気が原因のことも。

〔対処法〕生理を司る脳の視床下部がダメージを受けているため、不妊症の原因になることも。早期の治療が必要。すぐに病院へ。

原発性無月経

18歳を過ぎても初潮が来ない。

〔原因〕染色体のトラブルや子宮および膣の奇形、卵巣の機能障害、処女膜閉鎖、脳の視床下部脳下垂体の異常など。

〔対処法〕将来妊娠できないケースもあるため、必ず早めに診察を受け、可能なかぎり治療を。

過長月経

生理の出血が8日以上続く。ひどくなると貧血を起こすこともある。

〔原因〕ホルモンバランスの異常や無排卵月経などによる月経不順、月経過多など。

〔対処法〕卵巣機能不全、黄体機能不全などの疾患の場合もあるので、毎月2週間以上出血が続く場合は早めに病院へ。

○経血量のトラブル

一般的な経血（月経のときに排出される出血）量は、20～140mlで、継続日数は3～7日。

月経過多

経血量が140ml以上で出血量が多い。1時間でナプキンを交換しないといけないくらい多量。血液のかたまりが多く出て、貧血気味になることも。

月経過少

経血量が20mlより少なく、1～2日で終わる。ナプキンが必要ないほど経血量が少ない。

〔原因〕どちらも体質・個人差が大きい。特に月経周期が安定していない思春期に起こりやすい。

〔対処法〕経血を観察記録。不安なら一度病院へ。

○その他月経に伴うトラブル

月経前症候群（PMS）

生理の3～10日前から始まるまでの間に起こる不快な症状。頭痛、腹痛、腰痛、眠気、肩こり、便秘、肌荒れ、むくみ、イライラ、憂鬱など。

〔原因〕排卵後に分泌される黄体ホルモンの影響。

〔対処法〕病院で薬を処方してもらう。睡眠、規則正しい食事、気分転換など自分で対応も。

月経困難症

月経時の腹痛や腰痛、頭痛、吐き気など。寝込むほど重症で医療的なサポートが必要なもの。

〔原因〕若くて子宮が十分発達していない、月経時の子宮伸縮が強すぎるなど。

〔対処法〕病院で薬を処方してもらう。お風呂で温まる、適度な運動で血行をよくするなど。

column
教えて!!
エキスパート

生理用品の最新事情

ドラッグストアに行くと、たくさんの生理用品が並んでいますが、
それぞれどんな違いがあるかわかりますか？
生理用ナプキンをはじめ、多くの生理用品を出している
ユニ・チャームさんに教えてもらいましょう。

Q

知っているようで知らない
生理用品の種類を教えてください。

answer

代表的な生理用品は、生理用ナプキン。大きく分けて、昼用・夜用、羽なしと羽ありがあり、経血の量によって使い分けられるようになっています。「昼用」は、コンパクトサイズで、日中、2〜3時間で取り替えることを前提に作られています。「夜用」は、横になって使用するため、昼用に比べて、後ろが大きく、長さも約2倍です。ちなみに、商品名の後に書かれている数字は、ナプキンの長さです。「○○360」という商品名だったら、36cm（360mm）の長さの生理用ナプキンということ。長ければ長いほど吸血量が多くなります。お尻側の扇形の部分は、圧着の仕切りで分かれていて、ひとつひとつのパックによって経血が後ろに流れるのをくい止めています。
「羽あり」と「羽なし」は、日中の活動量とコストから選ぶとよいでしょう。「羽あり」は、羽でショーツに固定することでもれを防ぐので、子どもなら体育の授業があったり、大人も立ったりしゃがんだりと動きのある日に。「羽なし」は経血の量が少ない、家でじっとしているなど動きが少ない日に。価格も羽ありにくらべて少しお安くなっています。

それから、「タンポン」という膣の中にいれる内装式の生理用品もあります。経血が流れ出てこないので、激しい運動やプール、お風呂に入るときには便利です。アプリケーターつきのものなら膣内に入れやすいですが、トキシックショック症候群の危険もあるので、8時間以内に必ず膣内から抜いてください。

○代表的なナプキンの長さ

昼用			夜用	
軽い日用	ふつう～多い昼用	特に多い昼用	多い日の夜用	特に多い日の夜用

17.5㎝ ～ 20㎝ ～ 23㎝ ～ 26㎝　26㎝ ～ 29㎝ ～ 33㎝ ～ 42㎝

○代表的なナプキンの形

昼
羽なし
ナプキンの
基本の形

昼
羽つき
羽でショーツ
に固定

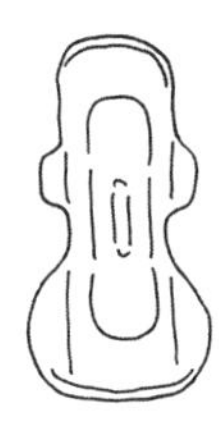

夜
羽つきで安心の長さ
羽でショーツに固定
し、伝いもれを防ぐ

○ナプキンの厚さ

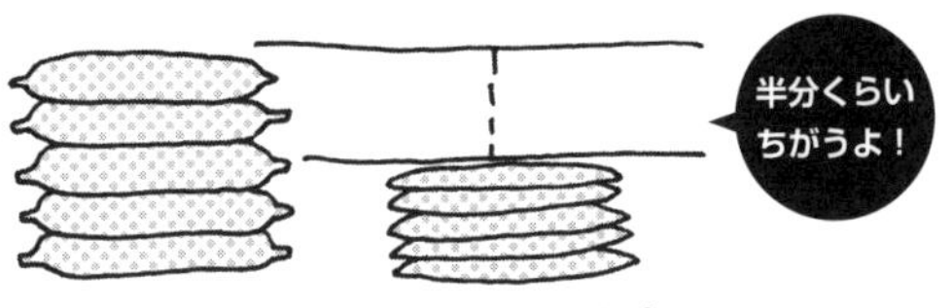

※ユニ・チャーム製品比

○タンポンのしくみ

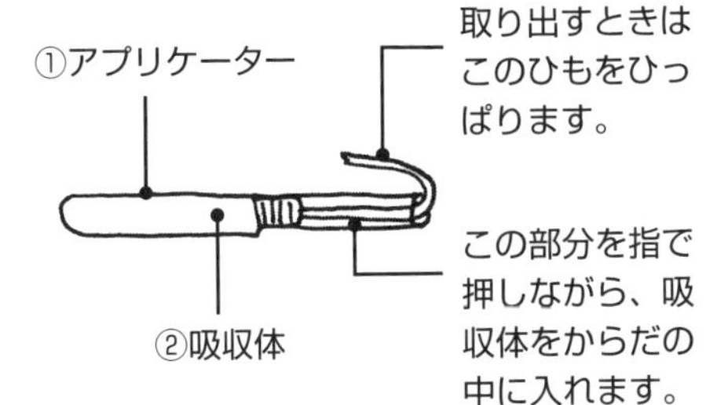

※プラスチック部がないフィンガータイプもあります。

①アプリケーター
吸収体を正しく入れるためのもの。入れやすいように先が丸くなっています。

②吸収体
アプリケーター（プラスチック部）の中に入っていて、吸血を吸収する繊維でできています。

子どもが服を血で汚さないか心配。経血がもれないために、おすすめのものはありますか？

answer

まず、「生理用ショーツ」を準備しましょう。大体の経血の「もれ」は、ショーツ選びの失敗から起こります。通常のショーツだと、ホールド力が弱く、ナプキンが股にしっかりフィットせずに動いてしまうので、経血がもれてしまいます。生理用ショーツは、下着店などでさまざまな種類のものが売られていますが、できればお尻にギャザーのあるものを選ぶとよいでしょう。ナプキンがしっかり股やお尻にフィットしてずれません。また、つい余裕を持って、大きめサイズを選びがちですが、事前に自分のヒップサイズをきちんとはかり、ジャストサイズを選べば、ナプキンがずれず、もれも防げます。

そのうえで、特に経血量が多い日や夜などは、夜用ナプキンとタンポンの併用も試してみてください。仕上げに、スパッツやブルマなどを重ねばきしてシーツを汚すのを防ぎましょう。それでももれてしまうようであれば、月経過多の可能性もあるので、一度病院で診てもらうことをおすすめします。

また、最新商品として「ショーツ型ナプキン」があります。パンツ型のナプキンで、少々割高ですが、パンツのようにただはくだけ。ほぼ全体が吸収体なので、ずれや隙間による「もれ」が起こりません。腰まで覆われているうえ、足回りのぴったりとしたギャザーで横もれもガードされていて、経血量が多く、寝ている間にシーツを汚した経験のある方からは、体勢を気にせず安心して眠れるとの声もいただいています。お子さまの修学旅行の就寝時や、大人でも飛行機や新幹線など長時間の移動に便利です。

collaborate

ユニ・チャーム

商品に関するお問い合わせ先
ユニ・チャームお客様相談センター　0120：0120-423-001
受付時間／（祝日を除く）月～金曜日　9：30～17：30
http://www.unicharm.co.jp

はみだし column

ママにおすすめ、進化系生理グッズ

今、生理用品に新しい種類のものが次々誕生しています。
まずは「生理のベテラン」の親自身が使ってみてはいかがでしょう。

◯布ナプキン

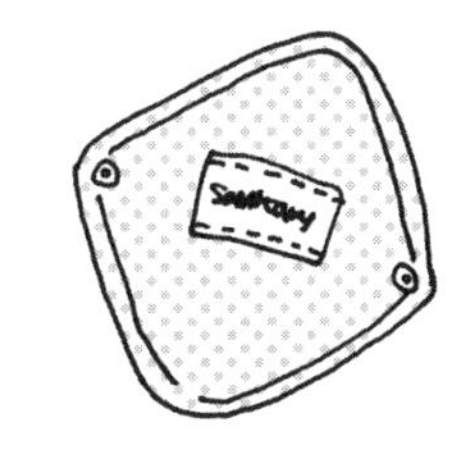

綿やシルク、リネンなど布でできたナプキン。布を何枚も重ねることで経血をしっかり吸収する。１枚の目安は２～３時間で、個人差はあるが１日３～５枚必要。メリットは、下着と同じ素材なので、肌に優しくかぶれにくいうえ、むれない。それゆえ、むれが原因のにおいがない。何より、ゴミが出ない。ただし、使用後は洗う必要がある。洗剤と水を入れたバケツに浸けておき、洗ったらよく乾かすこと。１枚1500円～2千円程度。洗ってローテーション使用することを考慮すると、２日で10枚ほどは用意しておきたい。まずは経血の軽い日に試してみましょう。

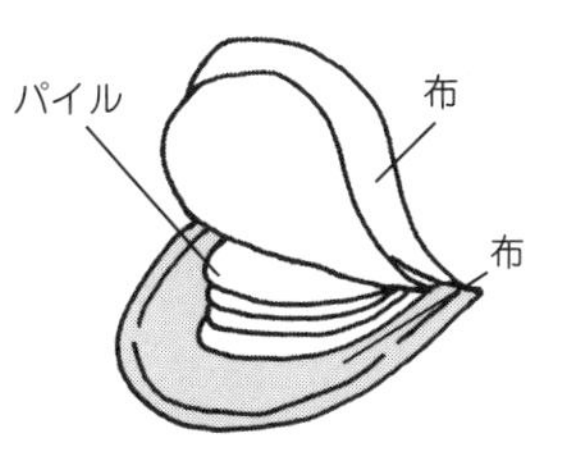

◯月経カップ

医療用シリコンなどでできたカップ型の生理用品。

ヨーロッパを中心に10年ほど前から広まりつつある。折りたたんで、膣内に直接挿入し、経血を溜めることができるため、経血のにおいやむれはない。装着時間は、経血量が少ないときで最大８～12時間。１個３千円～５千円。消毒や保存など、正しく使用すれば繰り返し使えるため、生理用品のゴミを減らせるほか、長い目でみるとコストパフォーマンスはいい。ただし、慣れるまでは着脱が難しいこと、洗浄や保存が面倒、経血量が多い日は外での使用が難しいなどのデメリットも。

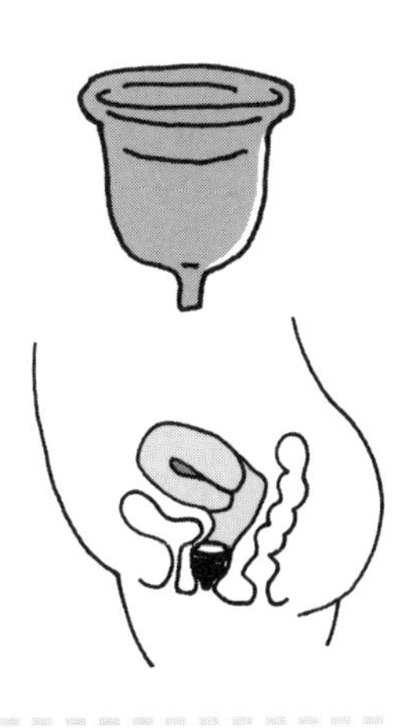

vol.3 娘が妊娠？

小学校PTA室
ズーン
ね…どうしたの？
体調でも悪い？
大丈夫？
さっきから
ベルマーク
貼る手が
止まってるよ？
はっ
ごっごめん
ベルマークって何!?
今、令和だよね!?
何十年とこんな
アナログ作業
続くの
おかしくない？
ちょっと
落ち着いて
ベルマーク問題に
逃避しちゃダメ
何か
悩みが
あるんでしょ？
実は長女が…
高1
はるなちゃん？
お母さん…
ん？
どした？
生理が…
2ヵ月も
遅れてる
の…
ゴホオッ
まさか…
いやいやいやいやいやいや!!

まっまだ高校一年生だよ!?
うちの娘に限ってそんなことあるわけ…
目を見て話そうか…
ブシュー
今や女子高生の20%が性交経験者らしいよ…
5人に1人!?
けっして珍しいことじゃない!
宋先生から受けたアドバイスをいかして性教育はしてたの?
あきお(小4)
あいな(小1)
下2人には先生オススメの絵本を使って、少しずつ教えてるけど…、高校生に教えるには、生々しすぎて…まだ…
あーでもこんなことならちゃんと性教育しておくべきだった!!
くっ
まだ妊娠してるとは限らないじゃん。今からはるなちゃんと先生のクリニック行ってみ?
ガタン
そだね!!そうする!!
ベルマーク、後はお願いっっ!!
お、おう…
私たちも性教育…がんばろうね…
うん…

そうよ
妊娠どころか、
きっと
SEXだって
未経験の
はず!!
山田家
ただいまっ
はるなっ
いる!?
ドーン!
カランッ
シーン…
というわけで
SONG LADIES
クリニック
検査薬は
陰性だったものの…、
生理が二ヵ月以上
遅れてるらしくて…
フムフム
まさかもう経験
してるなんてっっ
わっ
まあまあ
…
性交は何も犯罪やないし、
何歳になったらしてもいいとか
決まってるわけやないんやから
したくなったら
しても
ええんちゃう?

してもいいけど、男も女も
責任をとれないうちは
きちんと避妊せなあかん！
だから大切
性教育!!!
前にも言ったけど、学校では
「性交」「避妊」は扱わへんのや
正しい知識は家庭で教えんと！
わかっては
いたんですが…
ためらって
いるうち
に…
しどろ
もどろ
放っておいたら
子どもたちは
性に関する情報を
友人や先輩
マンガやインターネット
AVから得て
しまうんやで
その中には過激なものや
間違ったものもたくさん
あるんや!!
だいたいが
男性の
男性による
男性のための
ファンタジー!!
正しい知識は親が
教えるしかないっ!!
あと、ちゃんと
教えてもらって
ないから仕方ないのかも
しれんけど…、
「外出しすれば大丈夫！」
と思ってる人多すぎ！
外出しは
避妊にあらず!!
ドーン

じゃあ先生、コンドームは大丈夫なんですよね…？
コッ!!
コンドームも100％避妊できるわけではないで。つけかたをまちがえていたり、穴があいてたらもれてしまうわけやし
え～～～
…
白
そうなんだ…
コンドームはちゃんとつけてもらってんな。
それはエラい!!
責任もとれへんくせにしれっとコンドームなしで性交しようとする男性もいるからなっ
それもこれも、男子もきちんと性教育をうけてないからや!!
だから大切、性教育!!!（2回目）
む…息子の性教育、一層がんばります…
白
あとコンドームは避妊だけでなく、性感染症の予防にもなるしな
小声
性病は口から感染する場合もあるから気をつけや――。
それはボクもさすがに守りきれへんさかいになー

おすすめの避妊法はピルを服用すること！
ピルでの避妊はほぼ100%!!
もしレイプされたり、望まないのに性交を強要されたり許可してもないのに中出しされた場合は、モーニング・アフターピル（緊急避妊ピル）というものもある
72時間以内に服用すれば98%の確率で妊娠を防げる
なのであわてて夜中にかけこまなくて大丈夫！
レイプとまで言わなくても、女の子は男の子に性交を迫られたとき
嫌われたくないし…
相手が傷つくかも…
なんて空気を読んで応じてしまうことも多い
避妊に対しても空気読みがち
!!
つけなくてもいーい？
いやだったらやらなくていい
ダメ、絶対!!
いいかな？と思うのならやってもいい
やった結果次はやりたくないと思ったらやらなくていい
今回はちょっとー
今回…つーか、次回も？
一回応じたからといってその後も応じるのがあたり前ではないいっ

食べ物かてムリヤリ食べさせられたらイヤやろ!!?
ヘイ!
ニンニクたっぷり脂こってりトンコツラーメン一丁!!
ドーン!!
ギラギラ
胃もたれしそう…
ダイエット中…
いりません…
それと同じや
食べたかったら食べたらええし、
一回食べておいしなかったら次は食べんかったらええ
それだけの話!!
ズゾゾー
相手に気をつかって意にそわない性交をした結果、病気うつされたり望まない妊娠したりあげく中絶しないといけなくなるのは女性のほうなんやからなっ!!
16~18歳の出産は国内で年間6千件あるのに対して中絶は1万件もあるんやで
もちろんいろんな事情はあるんやろうけど
私は「積極的同意なきところにSEXなし」って考え方を広めたいと思ってる
「いやよいやよも…」は「いや」ってことじゃい!!!

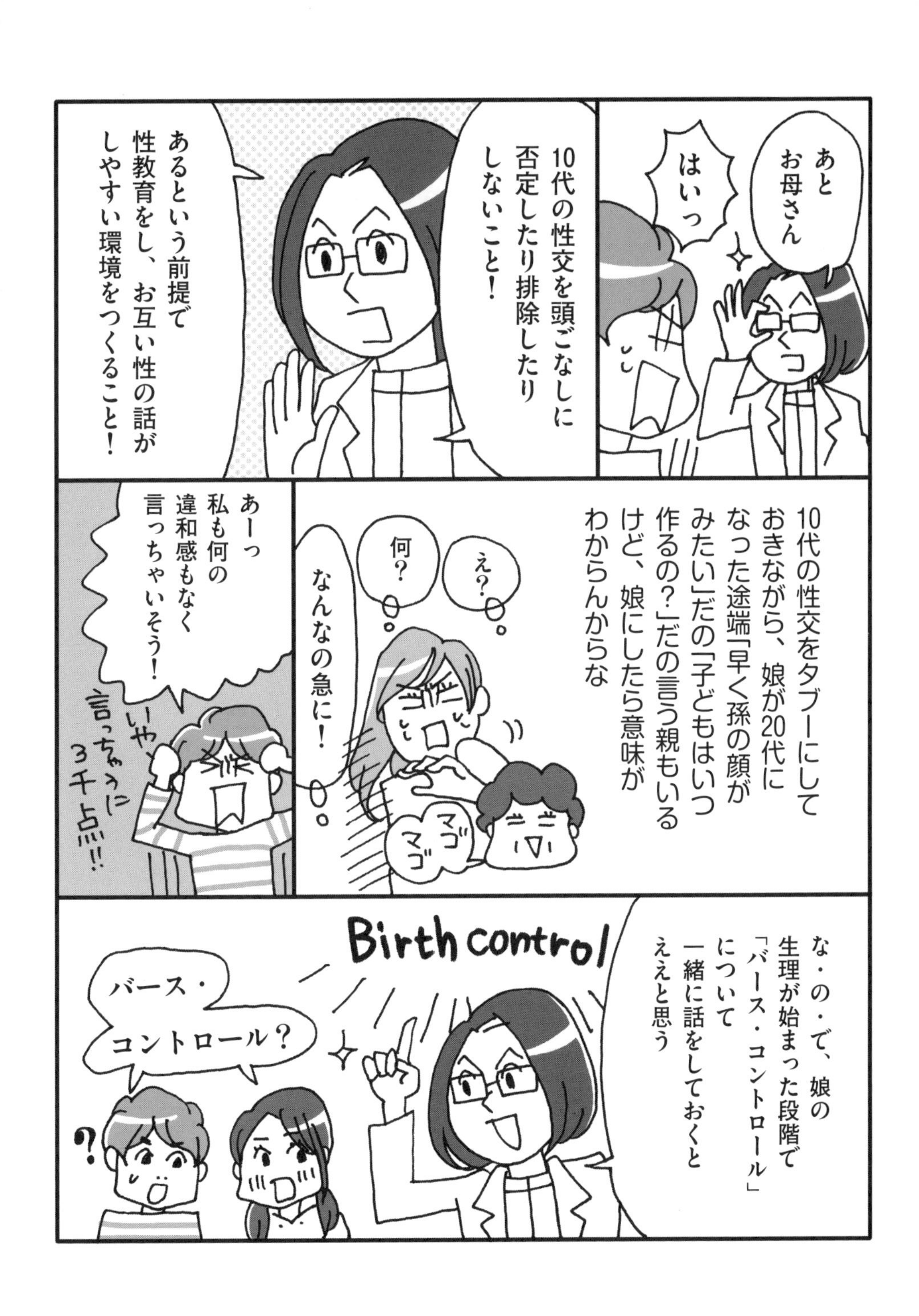
あと
お母さん
はいっ
10代の性交を頭ごなしに
否定したり排除したり
しないこと！
あるという前提で
性教育をし、お互い性の話が
しやすい環境をつくること！
10代の性交をタブーにして
おきながら、娘が20代に
なった途端「早く孫の顔が
みたい」だの「子どもはいつ
作るの？」だの言う親もいる
けど、娘にしたら意味が
わからんからな
え？
何？
なんなの急に！
マゴ
マゴ
あーっ
私も何の
違和感もなく
言っちゃいそう！
いや、言っちゃうに3千点!!
な・の・で、娘の
生理が始まった段階で
「バース・コントロール」
について
一緒に話をしておくと
ええと思う
Birth control
バース・
コントロール？
?

ジョイセフHP（http://www.joicfp.or.jp/jpn/project/advocacy/rh/）より

でも…
まだ高校生だし…
仕事とか結婚とか出産
なんて…まだまだ先で
考えられません…
具体的じゃなくても
「こんな風に生きたい」とか
「何歳くらいで出産したい」
とか、少し考えてみるだけで
この人とは
結婚する気は
ないからちゃんと
避妊しなきゃ…
ウエーーイ!!
というところまで
考えが広がるやろ？
たしかに…
なるほど…
まだ赤ちゃんは
ほしくない…
はっ
そう
だった!!
先生!!
うちのコ
妊娠は…!!?
検査薬で
陰性やったんなら
大丈夫やとは
思うけど…
一応診て
おこか？
ちなみに初診の流れはこんな感じ
※医療機関によって異なります。
①問診
↓
②尿検査
↓
③触診と
内診
↓
④超音波
検査（エコー）

ドキドキ
エコー＆
内診中
シャッ
妊娠は
してないわ
今回は
してなかったけど
今、産む気は
ないんやったら、
ちゃんと避妊は
するんやで！
万が一、妊娠していた場合
22週未満までしか人工妊娠
中絶はできひんからな
覚えとりてや!!
それを
過ぎたら
原則産むしか
ないんや
はい…
あと中絶をする場合
形式上、相手の同意を
得たというサインが必要や
未成年同士の場合やったら
自分の親、相手、相手の親に
サインをもらわないと
アカンから大変になるで
産んだけど
どうしても
育てられない場合は
「特別養子
縁組」という
ものもある
ってことも
覚えておいて

子どもが生涯にわたって
安定した家庭で特定の
大人の愛情に包まれて
育つために作られた公的な
制度や
何らかの事情で生みの
親が育てられない場合、
子どもを育ての親に託す。
子どもと育ての親は家庭
裁判所の審判によって
戸籍上、実の親子になれる
あと、中絶に関して
するしないは
本人に決める
権利がある
親やまわりが
まだ
学生
なのに!?
産んで
どうする
んだ!?
ワー
ワー
なんて言う権利はない。
本人の意思を尊重すること
とにかく娘さんも、
もう妊娠しても
おかしくない歳！
その前提で普段から
相談できる親子関係を
作っておくことが大事やな
今日
親子で
来たんは
いいこっちゃ!!
ちなみにはるなの生理が
遅れていたのは過度な
ダイエットが原因でした
ちゃんと
食べます

3

「うちの子にはまだ早い」は親の幻想

「うちの子はまだまだ子どもだから、セックスなんてするはずない」と思いたいところですが、高校生の男子約14％、女子約20％が経験済み（日本性教育協会／編『「若者の性」白書　第8回青少年の性行動全国調査報告』小学館・2019）という結果が。

その時期、親として、知っておいて欲しいのは、子どもにセックスに対して不必要なタブー感、恥ずかしい行為であるという印象を与えないこと。思春期に性衝動が芽生えるのはふつうのこと、セックスは恋人同士の愛情表現で、素敵なコミュニケーションのひとつです。

また、何歳になったら性交OKと決まっているわけではありません。したい人はする、したくない人はしないでいい。ただし、男子も女子も妊娠しても責任がとれないうちはきちんと避妊すべきと、親の考えを伝えられるといいですね。

正しい避妊方法は？ただし避妊に絶対はない！

左ページの表、避妊の失敗率をご覧ください。メジャーなコンドームさえ、正しく使っても100人のうち2人は妊娠……。完璧な避妊法はないのです！　それでも望まない妊娠のリスクを少しでも減らすために避妊について知っておかねばなりません。

○コンドーム

ラテックスゴム製のストレッチ性のあるサック。膣内に精液が入らないようにする。男性の協力がないと使えないため相手任せにしてしまいがち。女の子にも装着の仕方を教えておくこと。

使い方／ペニスに装着して使用（装着方法については、巻末の性教育カード⑩を参照）。

値段／1個30円程度。薬局やスーパー、コンビニなどで手軽に入手できる。

長所／性感染症もある程度防げる。

短所／「最初はつけずに最後だけつけた」「完全に勃起する前につけたことで、抜けたりずれたりした」「先端に空気が入って破裂したり、爪で引っ掛けて破けたところから精液が漏れた」「終わった後もつけたままだった」など正しく使えず失敗することが多い。コンドームが粗悪品で…ということも。万が一破けた場合、緊急避妊薬を飲む。

○緊急避妊薬

モーニング・アフターピルと呼ばれる、黄体ホルモンを主成分とした飲み薬。ホルモンの作用で妊娠成立を妨げる。

使い方／性交後72時間以内に服用。現在は、産婦人科医師による問診、場合によっては内診・超音波での診察が必要。問題なければ錠剤を渡される。

値段／クリニックによるが、1回数千円～2万円。

長所／正しく服用すれば避妊成功率は8～9割。

短所／あくまで緊急用。焦って真夜中に駆け込んだりせず、診察時間に受診すること。

避妊法の1年間の失敗率
（100人の女性が1年間に妊娠する率）

避妊法	理想的な使用	一般的な使用
避妊なし	85%	85%
男性用コンドーム	2%	15%
低用量ピル	0.3%	8% ＊1
リズム式（オギノ式・基礎体温法など）	1～9%	25%
IUD、IUS	0.1～0.6%	0.1～0.8%

「理想的な使用」とは、推奨される方法を完璧に守った場合のことを指す。
＊1飲み忘れを含めた場合の失敗率。

出典：Trussell J. Contraceptive efficacy. In Hatcher RA, Trussell J, Stewart F, Nelson A, Cates W, Guest F, Kowal D. Contraceptive Technology: Eighteenth Revised Edition. New York Ardent Media, 2004.

○**低用量ピル**

少量の女性ホルモンが入った薬を飲むことで、排卵を止める。

使い方／一日一錠、毎日決まった時間に内服する。

長所・短所など詳細は60ページからの「ピルについて」を参照。

○**IUD、IUS**

子宮内避妊具と呼ばれ、ポリエチレンなどでできた専用の医療器具。受精卵の着床を妨げる。IUSは、薬材のついたIUDのこと。

使い方／産婦人科で、医師に子宮の中に挿入・装着してもらう。

値段／種類により異なるが1回3万円ほど。月経困難症などの症状があれば保険適用で1万円。

長所／避妊効果が高い。きちんと装着していれば5年間は有効。

短所／避妊率は高いが、子宮口を開くので出産経験のある人向き。子どもにはおすすめしづらい。

○**リズム法**

オギノ式・タイミング法といわれ、基礎体温から排卵日を予想し、危険日を避けてセックスする方法だが、失敗率が高いので避妊法とはいえない。

使い方／婦人体温計で基礎体温を毎日計測する。

長所／健康管理にも役立つ。

短所／そもそも「排卵日は次回月経の12～16日前」というだけの話で確実性はない。特に月経周期が安定しないうちはいつでも妊娠の可能性があると思っておくべし。

○**（番外編）膣外射精**

射精の瞬間だけ膣の外に出す方法で、避妊法ではない。射精前、勃起したペニスから分泌される透明な液体（クーパー腺液）の中にも精子は含まれるうえ、一瞬でもタイミングがずれればアウト。

ひょっとして娘が妊娠!? 知っておきたい中絶のこと

18歳以下の出産・中絶数は17528人（2014年）。しかも、妊娠した10代前半の87％、15～19歳でも61％と過半数が中絶を選びます。中絶は、どこか遠くの他人ごとではありません。

子どもから「妊娠したかも」と相談されたら、まずは市販の妊娠検査薬で確認を。陽性ならば、すぐ産婦人科へ。陰性でも心配なら、最後のセックスから3週間後まで検査をし続けます。

産婦人科では、妊娠・流産・子宮外妊娠などの異常妊娠の診断をし、ここで、産む・産まないの選択をすることに。

妊娠していた場合、22週（6ヵ月）を過ぎると人工妊娠中絶はできません。日本には母体の生命健康の保護を目的とした「母体保護法」があるからです。妊娠の進み具合の目安となる「妊娠週数」は、最後の月経の初日から0週として数えるため、次の月経が2週間遅れた時点で、すでに6週目にはいってしまっている可能性もあります。早めの検査をすすめるのはこのためです。

また、中絶手術は、母体保護法で指定された医師でなければできません。妊娠11週までであれば、中絶手術も体の負担が軽く、死産届けが不要で費用は10～20万円（入院する場合は入院費も必要）。一方、妊娠12週以上になると、胎盤が完成し胎児も大きくなるので、手術も大変になり、費用は約30万円＋入院費。入院が1週間なら計約30～50万円と高額に。早急に対処が正解です。

中絶に関しては、「二度と妊娠できなくなる！」「生命尊重！」「中絶をすると心に傷を負う」と反対し、無理やり産ませる親や大人もまれにいますが、「特別養子縁組」などの制度も考慮に入れておいてください。いずれにしても、中絶をする・しないは最終的には子ども本人に決める権利があります。

性交、避妊、中絶…リスクから身を守るには、普段から家庭内で話しやすい環境をつくることが大切です。特に娘さんの場合、生理が始まった段階で、将来子どもを持つ・持たないを自ら選択する「バース・コントロール」について話しておくといいでしょう。仕事、結婚、出産などを具体的に描けなくても、「どんなふうに生きたいか」を親自身の経験や話も交えて、子どもと一緒に話してみる。まずはそこから始めてみてもよいかもしれません。

vol. 4 ピルについて

うーん
ドラッグストア
置いてないなー
あっちの棚にもなかったよー
何探してるんや？
わっ！
宋先生!!
この前ピルのお話を伺ったので、いっちょ試してみようかと買いに来たんですけど…、置いてなくって
コラコラ。ピルは薬局で売ってないで
え!?
じゃあどこで!?
闇の取引きとか!?
医者の処方箋がないと出してもらえへん薬なんや

ピルについて、あんまりわかってないみたいやな…
すみませんおひとり様1パックまでです…
詳しく教えてあげるから、今から私のクリニックにおいで…
はいっぜひっ
ピルとは
SONG LADIES
クリニック
女性ホルモンを含む薬が配合されていて、内服することで、卵巣ホルモンの分泌・排卵を止めるもの
ピル
抑制
ピルを服用している間は排卵が止まるから生理も来なけりゃ妊娠もできないってわけ
なるほどそうやって生理もコントロールできるわけか〜
じゃあ服用を止めたらまた排卵が始まるんですね

ピルが必要なら近くの産婦人科へ！
月経周期や経血量や持病などを聞く問診を行うだけ
初診では通常1ヵ月分が処方され、問題なければ次は3ヵ月分くらいまとめて出されます
クリニックによってちがうけど、保険適用がない場合、1ヵ月分で3千円くらいかかる
「月経痛がひどい」「月経困難症」などの症状があれば保険が適用されるよ
ネットで安く出回っている薬は偽物もあるので、必ず病院で処方してもらうこと
DANGER
問診のみ…、内診や血液検査などはないんですねー
それなら娘にも気軽に受診させられるなー。
今度連れて来ます

でも、先生!!
ピルって
副作用が
あるって
聞きますが!?
約20年前から
「中用量ピル」以外に
「低用量ピル」が扱える
ようになって、
含まれている
薬の量が減ったから
副作用もだいぶ
軽くなったよ
副作用って…
どんなことが
あるんですか?
昔は、
太ったり
生理の量が
多くなったり。
今でも血栓症に
なったりする
副作用がある
血栓症!?
は、まだあるの?
太るのも怖いけど…
なんですか
それ…
「エコノミー・クラス症候群」
ともいわれる。
血管の中で血の固まりができ、
それが肺の動脈に
入ってしまうと、
血管が詰まって
ショック状態に
陥ることがある
長時間足を
動かさずにいると
血流が滞り
血栓ができる
ひいい!
じーっ
血の固まり

0ではないけど
年間で1万人に6人から
9人くらいの割合や
そもそも血栓症は
妊娠、出産後も起こる
可能性はある。
妊娠中で年間1万人に
5~20人、産後12週間で
40~65人というデータも
ある
妊娠中、出産後の方が
血栓症になるリスクは
高いんですね…
脱水しないように
水分を十分にとるとか、
意識的に足を動かすとか、
気をつけていれば大丈夫や
万が一、片足だけ
異常に腫れるとか、
足や胸が痛いとかの
症状が出たら
すぐ病院へ
ピル服用中と伝えれば
血栓症を念頭に
診てもらえるから
せやけど、リスクに
比べてメリットは
めちゃくちゃ大きいで~

こんなにあるぞ!ピル服用のメリット
避妊成功率92%!
※理想的な内服なら99%以上
月経痛の緩和
PMS(月経前症候群)の緩和
がある人も
PMSのおもな症状
★胸が張る
★にきびなどの肌荒れ
★体のだるさ ★頭痛
★便秘 ★眠気
★肩こり ★イライラ
★気分の落ちこみ
★無気力感
骨密度の上昇
卵巣がん・大腸がん・子宮内膜症・子宮内膜がん発症の抑制
元気!
ツラい人は試してみて!

た…たしかに
メリット大きぃ!!
婦人科系の
病気のリスクも
減るんですね…
しかも
お肌ツヤツヤに
なるよ
生理痛の
ヒドい娘に
飲ませて
やりたい〜!!
あと妊娠も
心配だし!
前のこともあるからっ
ええと
思うで
でも先生、娘に学生の
間はピルを飲ませたと
して
本人が子どもがほしいという
年齢になったときは、
どうすればいいんですか?
服用を
やめたら、
すぐに妊娠
できる状態に
なるんですか?
長くピルを使ってたら、
妊娠しにくくなったり
しませんか…?
おほ、ほ、ほ
全然大丈夫!!

服用を中止してから
約3ヵ月もすればピルの
影響はなくなる
妊娠しにくくなる
どころか…
排卵も生理もない分
子宮や卵管を
お休みさせられるから、
妊娠率は
高くなるんや
へーっ
婦人科系の
病気もそう
だけど…
排卵、生理の
ある状態って
やっぱり体には
負担なんですね
そうや
やっぱり私もピルで
排卵止めようかなー
生理あっても
いいことないし…
そうだねー…
はっ
ちょっとまって!! 先生!!
ピルで生理を止めた場合
更年期障害のような
症状は!? 出ないの!?
閉経したら
それはそれで
不調がっ
落ちついて
「ピルで生理を止める」ことと
加齢による「閉経」は
全然別物やで

むしろ更年期のつらい症状の緩和するために「ピル」を使うこともあるんや
ピルとひと口に言ってもいろいろあるのやで〜
更年期障害は年齢とともに卵巣の機能が低下することで女性ホルモンの分泌が急激に減少し、ホルモンバランスが崩れることで起こるんやけど
ピルによってホルモンバランスを整えることで不調が改善されるんや
＊通常は、ホルモン補充療法の製剤を使います
ホルモ〜ン
私はどっちかというとそろそろそちらでピルのお世話になりそう
46歳
不調を感じたらいつでもクリニックに来たらええよ
ところでピルの服用は1日1錠ですよね？飲むタイミングって決まっているんですか？
朝・昼・晩？
時間は毎日同じならいつでもええよ
ただ自分の生活リズムの中で決めておくと飲み忘れを防げるからええんとちゃうかな

スマホのアラームなどを設定しておくと安心やで！
ピル用のアプリなんてのもあるで！
毎日9：00
飲み始めスタートは生理の初日。生理を促すホルモンががくっと減ったタイミングがよい
キタ！
今日から飲もう
避妊効果でいうと飲み忘れさえなければ1日目から
8
21日分の薬の場合間7日あくけど、ちゃんと避妊効果がある
1シート目
←7日あき→
8日目以降
2シート目
←7日あき→
1錠目から
ここで軽めの生理があります
ちゃんと管理できるかなー
不安
私もうっかり飲み忘れそう…。
もし飲み忘れてしまった場合どうしたらいいんでしょうか？
飲み忘れのパターンと対処を次のページに書いたで

ピルをうっかり飲み忘れたら…

	1日飲み忘れ（最後に飲んでから48時間以内）	2日飲み忘れ（最後にのんでから72時間以内）	3日以上飲み忘れ			
			飲み忘れ1週目	飲み忘れ2週目	飲み忘れ3週目	飲み忘れ4週目
避妊効果	緊急避妊不要	緊急避妊不要	緊急避妊必要！	緊急避妊不要		
気づいたら…	まず一錠飲む	まず一錠飲む	まず一錠飲む	まず一錠飲む	いつもの時間まで待つ	忘れた分は捨てる
いつも飲んでる時間に	もう一錠飲む	もう一錠飲む	もう一錠飲む	もう一錠飲む	まず一錠飲む	本日分をいつもの時間に飲む
翌日からは	いつも通り続ける	いつも通り続ける	いつも通り続ける	いつも通り続ける	いつも通り21日目の分まで続け、休まず次シートへ	いつも通り続ける
再開後の避妊効果	その日からOK！	その日からOK！	再開後7日間は効果なし（8日目からOK！）		次シートの1日目を飲んだ日からOK！	その日からOK！

飲み始めてから体が慣れるまでの2～3週間は、吐き気、だるさ、頭痛を感じることもある
つらいようだったら近くの産婦人科に相談してみて！
ピルにもいろいろあって、ピルによっては生理的な出血があるものもある
1日中「昼用」でいける!!
28日ごとに出血するが量も少なく日数も短くなる
他にも2ヵ月に一度や3ヵ月に一度など生理の来る頻度を低くできるピルもあります
4月
7月
10月
1月
そういやピルって身長が伸びなくなるって聞いたことあるんですけど…
初潮が来た時点でピルに含まれるエストロゲンが出るから同じことや。気になるんやったら身長の伸びが止まってからにしたら？
今後出産を希望しない！生理を止めたい！という人には「ミレーナ」という子宮リングを着用する方法も
婦人科で相談してみて！

ピルは、女性のミカタ 上手に利用しよう

4

ピルは、正式には「経口避妊薬」といい、月経や妊娠を促す黄体ホルモンと卵胞ホルモンが化学合成された飲み薬です。擬似妊娠状態を作り、排卵をストップさせます。大きく分けて、ホルモン剤を21日間続けて飲んで7日間休養する21錠タイプと、休養する7日間に偽薬（プラセボ）を飲む28錠タイプがあります。「避妊薬」という呼び名のためか、飲んでいると「性活動が盛んな人」というような偏見を持たれることもありますが、むしろ生理をコントロールできるなど、メリットのほうが大きいのです。

ピルは、避妊効果No.1

ピルを服用している間は、排卵が止まっているため生理もこないし妊娠もしません。よって、避妊効果も高く、欧米では、避妊法の選択として一、二を争うメジャーな手段。正しく服用すれば失敗率も0.1%です。

ピルが持つ「女性が自分の意思と責任で主体的に避妊することができる」というメリットは、娘をもつ親としては覚えておいてほしいことです。

また、避妊効果が高いだけでなく、月経痛や生

理前のイライラや頭痛、肩こりなどPMSの緩和も期待できるという生理に関するメリットもあります。また、排卵や生理がない期間に子宮や卵管に無駄な負担をかけず休ませられるため、ピルを飲むのをやめて、排卵が始まると妊娠しやすくなるという効果もあります。

WHOでは、生理が始まってすぐの女の子にもピルの服用を認めています。反対に50歳以上の人はおすすめできず、40歳以上も第一選択肢ではありません。手術の前後や重症の高血圧、血管障害を伴う糖尿病、腎疾患、肥満にあてはまる人も使用不可です。月経がまだない人も飲めません。

処方のプロセス

(宋先生のクリニックの場合)

ピルを飲むには、次のような流れで医師の指導と処方を受けます。保健指導料、検査料、薬代を含めひと月千円〜3千円程度かかります。

❶クリニックに予約。

❷受付。診察カードに氏名、年齢、生理・性交経験の有無など、必要事項を記入。

❸診察室にて医師の問診。

生理周期や経血量、偏頭痛に関する質問、ピルについての説明。内膜症などの検査の必要があれば内診。

❹1ヵ月分(21錠か28錠)のピルを処方。

❺通常、生理初日から飲み始める(生理が始まってからむかえる最初の日曜から飲むサンデーピルもある)

❻毎日決まった時間に飲むこと。飲み忘れた場合には、70ページの図を参考に飲み直す。飲み続けるのをやめないこと。

❼ピルを飲み始めて2週間くらいで再診を受ける。最初の2週間くらいは、不正出血や吐き気などのトラブルがでることもあるので、不安であればここで相談すること。

❽問題なければ、次のピルをまとめてもらう。

❾この後は、3もしくは6周期飲み終えるごとに、クリニックに行って診察を。

宋先生から
娘に伝えたい
ヒトコト①

セックスしたら "ほんとに" "うっかり" 妊娠するよ!

ベースとして「正しい知識を持ってもらうことが、子どもを守ると考えているので、性に関してはタブーにせず正面から伝え、なにかあったときにはまっ先に頼って欲しいと伝えています。ただ、娘はまだ小学校低学年で、性に関することは、実生活やアニメや漫画で、「おふざけ」の範疇(はんちゅう)のものとしてとらえているところもあり、そのたびに「それは、おもしろいことではないよ」と伝えている段階です。

生理が始まり、妊娠できる体になったら、まずは「ほんとに妊娠するんだよ」ということをしっかり教えたいと思います。若い子は、何の根拠もなく「自分が妊娠なんかするわけないだろう」と考えがちですが、うっかりでも妊娠しちゃうんですよ。万が一、妊娠してもなんとかなるし「人生それで終わり」では決してありませんが、望まない妊娠をさける方法を自分で選択できるリテラシーを育てたいです。

2章

ピンチのときに頼ってもらえる親になる

性暴力・性感染症

vol.5 性暴力は犯罪です

ピンポーン
鈴木家
こんにちはー
れなおばさんお久しぶりー
まいちゃん
まい（中2）姉の長女。れなの姪っ子
姉
やーまいちゃんだー
あがってー
珍しいわねこの時間部活でしょ？
それがさー
まいちゃんあとでトランプしよーねっ
うちの学校のバレー部の部室で盗撮さわぎがあって…
犯人見つかるまで全部活、活動休止になっちゃったんだー
ええ!?
こんな身近に!?そんな事件が!?
ぐぬララ…
許せん!!

山田家
そういえば
最近エマちゃんと遊んでなくない？
前はよくうちにも来てたのに…
なんかさー、エマ、大学生の彼氏とつきあうようになってから、めちゃくちゃつきあい悪くなっちゃって…
その彼氏に束縛されてるっぽくてさー
ごめん今日もダメだわ…彼が…
いいなー私も誰かに束縛されてみたい♡
いやいやいやいや
この前なんか顔にアザつくってて…本人は「転んだ」って言ってたけど…
放っておいて大丈夫だと思う？
え!!
それってデートDVじゃないの!?
デートDV？
茶

つきあってるふたりの間で起こる暴力のことよ
「暴力」といっても肉体的なものだけでなく精神的なものや経済的、性的なものも含むの
おせーんだよブス!!
ごめんなさい…
やだ…それかも!!
お母さん、どうすればいい!?
うーん…
決して他人ごとではない問題、
親としてどう対処すればいいの？
…ってことなんですよ！ 先生!!
近い近い
たしかに毎日のように性犯罪のニュースがあるから、親としては心配になるわな
かくゆう私も2児の母
不安の種は尽きひんで!!

この20年、強姦や強制わいせつの事件件数はほぼ横ばい
減ってないのか～
男の子でも油断できませんよね…
男性の被害者は13歳以下が最多
ひどい…
このネット社会、ならではの犯罪も増えてるしな
SNSなどでの出会いから性犯罪につながるものもあれば、
「リベンジポルノ」なんてのもある
「リベンジポルノ」…聞いたことあります
元配偶者や元交際相手が相手から拒否された仕返しに、相手の裸の画像や動画などを無断でネットに投稿すること
ざまあ!!
深く考えず「彼氏にだけなら…」と相手に送ってしまうことなんてありそう…
関係がいいときにうっかり…

ネットで公開されたが最後、一度投稿されたものは消しても消してもコピーが残り、永遠にネットの海をただようことになってしまう
怖すぎるー!!
そういう危険があるということも、子どもたちに教えておかないとな!
公開されてまずいデータは決して他人に渡さないっ!!
他にも「エアドロップ痴漢」なんてのもある。
街中で
ブブッ
Air Drop
禁
辞退
受け入れる
何コレ!?
え…いきなり自分のスマホに知らない人から画像が送りつけられるんですか…?
ちょ…どういうこと?ついていけない!!

エアドロップは元々近くの知り合いと簡単に写真などの情報を共有できるアイフォンの機能なんだけど
今の写真ちょうだーい
OK－！エアドロップで送るねー♡
きゃっ
きゃっ
写真
動画
etc
URL
メモ
設定によっては近くの他人から無差別に画像などのデータを送られることがある
きゃー―――っ
ヒッヒッヒ
そんな使われ方してスティーブ・ジョブズも草葉の陰で泣いてるよ!!
変質者の創造力やべえ…
私たちの若い頃にはネットはなかったから、性犯罪も想像の上をいくものが出てきますね…
もう追いつかないや…
ネットといえば
うちの子、オンラインゲームで全く面識のない人と一緒にゲーム上で遊んでて驚いたことあります…
そこ、いって!!
一体誰と話してんの？
?

子どもは単純にネット上の「遊び相手」と思っているだろうけど…相手が何の目的で接しているかはわからないもんね…
だからってスマホやゲームをすべて禁止するってわけにもいかないし…
四六時中見張っているわけにもいかないし打つ手はないのか…
デジタルネイティブを前に旧世代は無力!!
それでも親としてできることはあるで
できることはなんでもします!!
まずは「フィルタリング」。ネット上のコンテンツを一定の基準で評価、判別して選択的に排除する機能のこと
有害なサイト
BLOCK!
子どもには不適切なアプリ
端末によってフィルタリングのやり方は違うので調べてみて!

あとは子どもと話し合って、家庭内でのルールを決めること！
閲覧するサイト、ダウンロードするアプリは保護者に確認をとる
これダウンロードしていい？
個人情報は書き込まない
写真の背景などでも場所は特定される!!
いいね！
知らない相手とやりとりをしない
こんにちは〜
下着や裸の写真は撮らない送らない
あなたにだけだよー♡
利用時間を決める
20:00以降は使用禁止!!
問題が起こったときは必ず保護者に相談する
などなど

そしてルールを守れなかったときの罰則も決めておくこと！
約束守れなかったらスマホ一週間禁止！とか
了解！
痴漢や強姦などの性犯罪は2017年に法律が改正され、告訴しなくても罪に問える「非親告罪」になりました
告訴
だけど、性犯罪被害者の多くは誰にも相談できず一人で抱えこんでしまうことが多い。まずは相談しやすい関係を作ることが大切！
万が一、我が子が被害に遭った場合、親としてどうしたらいいんでしょうか…
まず一番やってはいけないことが子どもを〝責める〟こと
「あなたにも原因があるんじゃない？」とか「そんな格好をしているから」とか「なぜ抵抗しなかったの？」とか…

あとは事件を矮小化する言葉
NG
「命があるだけでもよかったじゃない」とか「イヤなことは忘れよう」とか
被害者の心理を決めつける言葉もダメ
NG
「時間が解決する」とか「強く生きよう」とか「あなたのつらさはよくわかる」とか…
なぐさめてるつもりが余計に傷を深くしちゃいそうですね
でもうっかり言っちゃいそう…
気をつけなきゃ…
否定したり疑ったり無理に聞き出したりせず、丁寧に耳を傾けてあげること！
あなたは何も悪くない
あなたには落ち度も責任もない
と繰り返し、繰り返し伝えてあげること

他にできることは安全・安心な場所を確保してあげること
好奇の目
親自身もショックをうけているだろうから、
しかるべき窓口に相談することも大切
ここに連絡してみて！
☆警察の性犯罪被害相談電話
「#8103(ハートさん)」
☆性犯罪・性暴力被害者のためのワンストップ支援センター一覧
http://www.gender.go.jp/policy/no_violence/seibouryoku/consult.html
必要があれば産婦人科を受診して
前にも言ったけど事後72時間以内に服用すれば8～9割の確率で妊娠を防げます
72時間以内！
そんなこと考えたくはないけど…
もしものときのために知識はちゃんと持っておかないとダメですね

あと警察や病院に
行くときは、できれば
体は洗わず
ガマン!
気持ち悪いとは
思うけど!!
被害に遭ったときに
着ていた衣服、下着も
洗わず持っていくこと
被害に遭う前に
飲んだもの、食べたものの
残りや、使った食器も
洗わないで持っていく
薬を盛った
形跡がある
かもしれない
からな!
デート・レイプ・
ドラッグですね!
あぁもう…聞けば聞くほど
危険がいっぱい!!
私も…
娘が中、高生に
なっても
電車通学とか
させたくないわ…
遅い時間になる
塾も心配すぎる
私、昔
自転車でも
痴漢に遭った
ことあるよ!?
通りすがりに
胸を

以前、ダンナに
昔はよく痴漢に遭ったわ…
って言ったら
またまた〜
とか言われたわー!!
男の人は女性がいかに日常性犯罪にさらされているか、わかってないとこあるよね
俺は絶対そんなことしないし!!
は？
そんなヤツばっかなわけないじゃん!!
ムッ
うちもダンナに任せたら外出先で娘を一人でトイレに行かせたりするんだよ!?
危機感ゼロかよ!!
わかる!!「危ない」って発想もない!!
男の子だって性被害に遭うってのも覚えておかなきゃ
子どもを守れる社会、性犯罪の被害者が少しでも減る社会をつくるために男女共に、性に対する意識を変えていかないとアカンな
誰かを傷つけないためにも、近くの誰かを守ってあげるためにも、小さい頃からの性教育は大事なのです
娘にも息子にもきちんと教えなきゃ…!

性暴力は他人ごとじゃない

レイプ、強制わいせつ、子どもへの性虐待、DV、痴漢や盗撮など「同意のない」「対等でない」「強要された」性的行為はすべて性暴力です。

2017年には、世論の高まりもあり、110年ぶりに性犯罪に関する刑法の規定が大幅改正されました。主なポイントは次の2点です。①被害者を女性のみに限定した強姦罪が、被害者の性別を問わない強制性交等罪になりました。13歳以上の人に暴行や脅迫によって、性行為をしたり、13歳未満の子どもに性行為を強いたりした場合は犯罪になります。②性犯罪の非親告罪化。改正前の性犯罪の多くは、被害者の告訴がなければ加害者を起訴することがなかったのが、被害者の訴えがなくても起訴できるようになりました。

性犯罪に対する罰則が厳しくなったといえどもまだまだ全く安心できません。また性暴力の多くは、なかなか人に相談できず、全体の3分の2はだれにも言っていないという調査結果があります。子どもになにかあったときに話してもらえる関係でいることの必要性を感じます。

避ける、警戒する、知らせる
自分でできる痴漢対策とは

性犯罪と言って真っ先に思いつくのは、痴漢。残念ながら、万能な対策はまだありません。警視庁発の、電車内での自己防衛策として、「混んでいる電車は避け、逃げ場のない場所に立たない」「周囲に対して常に警戒する」「通勤・通学時間を変える」などが挙げられています。

警視庁が提供する無料の防犯アプリ「Digi Police」（デジポリス）を活用してみてもよいでしょう。ワンタッチで警戒音が鳴る防犯ブザーや痴漢撃退ブザーのほか、「痴漢です。助けてください」という文字がスマホ画面に表示されることで、周囲に助けを求めることもできます。

自分の子だけではなく、すべての子どもが被害に遭わないよう目を光らせておきましょう。

性的自己決定権でデートDV対策

デートDVとは、交際中のふたりの間で起きる暴力行為のこと。肉体的な暴力だけでなく、心理的な暴力や社会的な暴力も含みます。

〈精神的暴力〉大声で怒鳴る／傷つくようなひどいことを言う／わざと無視する／行動や交友関係を監視・制限／携帯やメールをチェック／言うことを聞かないと「別れる」「死ぬ」と脅す

〈身体的暴力〉殴る・たたく・蹴る／物をなげる

〈経済的暴力〉デート費用を一切出さない／借りたお金を返さない

〈性的暴力〉性行為を強要する／避妊に協力しない／嫌がっているのに裸を撮影する

10代、20代の頃交際相手がいた人の7人にひとりが、相手から暴力を受けたかという質問に「はい」と答えたという調査結果もあります。さらに、そのとき被害者の多くが、その行為を「愛されているからだ」と感じ、暴力だとは思っていなかったそうです。

加害者にも被害者にもしないために、男の子にも女の子にも「同意」が大切ということに加え、断り方・断られ方もスキルとして教えておきましょう。また、子どもが居場所欲しさに「彼しかいない！」とならないよう気をつけたいものです。

column
教えて!!
エキスパート

ネットがからむ性暴力

子どもに対する性犯罪のニュースに、セットで登場するようになったSNSなどのネットサービス。
子どもを守るために知っておきたい情報を「ネットの中の性情報」に引き続き
グリー株式会社・小木曽健さんにお聞きしました。

Q

出会い系アプリ・マッチングアプリなど新しい出会いツールが出てきて、子どもが犯罪に巻き込まれないか心配です。

answer

子どもがかかわる事件は、出会い系アプリやマッチングアプリではなく、ツイッターや暇つぶし系チャット等、ジャンル的には「普通のSNS」に属するアプリで起きているケースがほとんどです。それらのアプリ、SNS、チャットに関する子どもの利用状況を親が把握することが重要になります。これはアップルやグーグルが提供している仕組みで可能です。検索サイトで「スクリーンタイム」（iPhone）や「ファミリーリンク」（android）といったワードで検索して、やり方を調べてみてください。

そして、本当に気をつけるべきは、10代の若者に会いたがる大人です。そのような人間が存在すること、そのような人間と会ったり、画像交換をする行為は、状況次第で子ども本人も補導対象になるということもしっかり伝えてください。

Q

リベンジポルノについて、ネットのどこに投稿されることが多いのでしょうか？

answer

いわゆる「ふられた腹いせ」的なケースもごくまれにありますが、それ以上に圧倒的に多いのが、カップル同士でやり取りしていたおたがいの「わいせつ画像」が、男子生徒の「自慢したい気持ち」によってグループチャットに投稿され、外部に流出し、収拾がつかなくなるケースです。どの地域でも中学あたりから起きており、訴訟になっているケースもあります。投稿先、流出先がどんなサイトだろうが投稿されたらあっという間に注目され、拡散します。ネットコンテンツは「どこ」に投稿するかではなく「何」が投稿されたかによって注目度が変わるのです。

自分の裸だろうが、わいせつ要素のある写真を撮影することは、児童ポルノの製造にあたる場合があり、またそれを所持していることも犯罪になる場合があります。最近では、わいせつ画像を要求する行為自体が、多くの自治体で条例違反になりつつあります。そういった基本的な知識を親子で共有すること、また裸の写真を要求する恋人（ほぼ男性）は、相手を大切に考えていないか、リスク管理ができない人間か、あるいはその両方であることを知らせてください。

エアドロップ痴漢などネットを使った性暴力にはどのようなものがありますか？

answer

エアドロップ痴漢が「痴漢」と呼べるかは微妙ですが、変質者の新たな手口になっているのは確かです。ただエアドロップ痴漢自体、ずいぶん前から起きており、それが逮捕につながったことでメディアが取り上げ、話題になり、さらに増えたというのが実情でしょう。 ネットが関連する事件は、マスコミなどがセンセーショナルに取り上げがちです。しかし、巻き込まれる可能性は、交通事故に遭う可能性よりも低いのです。本当は何が危険かを見極め、子どもを守るためには何をしたらよいか、親は冷静に判断をくだせるよう情報を集めましょう。

娘のみさきが6年生になり、ついに初潮がきた!!
ギャーッ
赤飯とかマジサイアク!! 絶対やめてよ!!
ハイハイ
LITTLE girl
鈴木家 長女・みさき（小6）
ついに娘も大人の仲間入りか〜
そういや以前宋先生が…
白飯
娘さんの生理が始まったら、一度クリニックにおいで
性交渉する前にHPVワクチンを接種しておけば、子宮頸がん予防になるからな
子宮頸がん…。ワクチンを打ったほうがいいほどメジャーながんなんですか?
近年20〜30歳の女性に急増してる。年間約1万人がかかってそのうち約3千人が死亡してるんやで

助かっても手術で子宮を摘出せなあかん場合もあるし、
そうでなくても妊娠や出産が難しくなることもあるんや
そんなことにならんためにもワクチン接種をオススメする！
…って言ってたな
まだまだ先だと思ってたけど…
でも子宮頸がんのワクチンて危険なんじゃなかったたっけ？
副作用の怖いニュースをみたような…
軽度のものだと「発熱」「接種部位のはれや痛み」…!?
重とくなものだと「手足の神経障害」!?「脳神経の疾患」!?
怖!!
えぇぇ、でもそんな危険なワクチンだったら先生がすすめるはずないし…
でも万が一恐ろしい副作用が出たら？
いや、それよりも子宮頸がんのほうが怖い…

う〜ん…
とりあえず
もう少し詳しい話を
聞きに行ってみよ！
ピョーーン！
おお！
初潮がきた
のかーーー！
オメデトウ！
SONG LADIES
クリニック
ならば、ぜひ！
HPVワクチンを！
それなんですよ！ 先生!!
ガタッ
ネットで調べたら
副作用の
怖〜い話が
出てきて!!
そーらきた！
プリントアウト
研究熱心なのは感心
やけど…、HPVワクチンに
ついては、なかなか正確な
情報が伝わらんのよねー
フンフン
熱が出たり
針刺したところが
はれたりするとか!?
全部知ってるわ
このニュース
それは他の予防接種
でもあることやで〜

失語症になったり
記憶障害が出たり
歩けなくなったりする
場合もあるとか――っっ
そんな重とくな
例は5万接種に
1回や
ピシャーン
歩いてて落雷に
当たる確率と
同じくらいやで!
最近、「接種」「非接種」の
思春期の女子を調査
したところ、副作用と
されている症状があった
人数は変わらない、という
研究結果も出た
トラブル
出る出ないは
同じ!!
接種
非接種
出典・名古屋スタディ
ワクチンとの
因果関係は
ないという
結論や
え…そうなんだ…
世界的にHPVワクチンは
スタンダードになりつつあるし、
私たち産婦人科医は
子どもたちに積極的に
接種させてるよ
はぁ…
自分の子に
危険な
ワクチン
打つはずない
ですよね…
うちの娘も
いずれ…
あ~~~でも
万が一、
接種のせいで
異変があったらと
思うと…

確かに副作用が出る確率は0%ではないけれど
それは何もHPVワクチンに限ったことではないしな…
くっ
子宮頸がんになるリスクのほうがよっぽど高いと思うけど…
確かに周りで子宮頸がんの疑いが…って話は聞くけど雷に打たれた人いないし…
くっ
センセーショナルな情報ほど大きく目に飛びこんでくるけど
こんな恐ろしい副作用が!?
バン!
その陰には、接種しなかったばかりにがんになった患者がたくさんおるんや…
やっぱ打たせます!!
うん、賢明やと思うよ
ほとんどの子宮頸がんはヒトパピローマウイルスに感染することが原因。
ヒトパピローマウイルス
HPV
ヒトパピローマウイルス…

発がん性HPVは性行為によって誰でも感染するありふれたウイルスなんだけど
ええっ
普通は免疫力によって自然に排除されるんや。
でも中には感染によって子宮頸がんになってしまうことがある
そのウイルスの感染を予防するのがHPVワクチンか…
だから性交渉を持つ前に、接種するほうがいいんですね
今のところ接種は3回せなあかんで
フツーの予防接種より少し痛いかも
あとワクチンを接種しても、すべての子宮頸がんを完全に予防できるわけではないで
必ず定期的に検診をすること！
検診大切!!
まだ関係ないし〜
20～30代に子宮頸がんが増えてきてるのは、この検診を受ける人が少ないせいもある！

私も40代になってから、定期検診受けるようになりました…
20代はそんな発想もなかったなー
20歳以上なら2年に1回は検診受けてほしいな
ワクチン打ってないなら、なおさら必要ですね…
油断してました…
ちなみに2013年4月から日本では〝定期接種ワクチン〟に指定されてるから公費助成によって接種は無料や
費用がかからない!?ステキ!!!
それだけ国はワクチン接種をすすめてるってことですね!
HPVワクチンはなにも女子だけやなくって男子も接種可能
男子?子宮ないのに?
男性の場合コンジローマや陰茎がん、肛門がん中咽頭がんなどの予防に有効なんやで

性感染症① クラミジア感染症

感染者が最も多い性感染症。高校生の10人にひとりがかかっているという調査結果も。

【原因】性行為により、女性の子宮頸管や男性の尿道、咽頭粘膜(のどの粘膜)などにクラミジア・トラコマティスという微生物が感染する。

【症状】感染しても症状がでない人がほとんど。女性は、おりものの色が変わったり下腹部痛があったりすることもある。長期にわたると、不妊症の原因になることも。男性も症状がないことが多いが、水っぽい白濁した分泌物がでたり、かゆみを生じたり、排尿時に痛みを伴うこともある。

【治療法】産婦人科・泌尿器科で検査。抗生物質を2〜3週間飲む

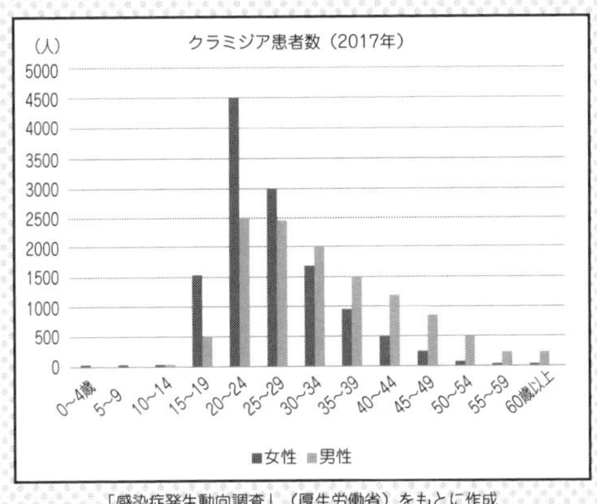

「感染症発生動向調査」（厚生労働省）をもとに作成

性感染症② 淋病

男性のほうが症状が出やすいが、最近、若い女性の患者数が増えている。

【原因】性行為で女性の子宮頸管・男性の尿道のほか、咽頭粘膜(のどの粘膜)などに淋菌という細菌が感染。

【症状】症状がないことも多いが、女性は子宮頸管炎を起こし、おりものが増加。男性は尿道炎になり、尿道から膿が出る。

【治療法】抗菌剤を1週間飲む。ただし、最近抗菌剤が効かない耐性菌も出てきているので要注意。

性感染症③ 性器ヘルペス

一度かかると、体の抵抗力が弱まるたびに再発をくり返すやっかいな性感染症。

【原因】性交により、性器や性器周辺に単純ヘルペスウイルスが感染する。口と口、口と性器の接触により、口のまわりに感染する口唇ヘルペスもある。

【症状】性器に米粒ほどの水疱ができ、激しい痛みを伴う。ほとんどの人は症状が出ないが、一度感染すると、神経細胞に潜伏し、体力が低下したときや、高齢者になってから発症することがある。

【治療法】女性は婦人科、男性は泌尿器科を受診。抗ウイルス薬を飲む、軟膏を塗る。

性感染症④ HIV(エイズ)

1980年代に発見された比較的新しい病気。圧倒的に男性患者が多かったが、近年、異性間の性的行為による感染や若い世代の感染も増えている。

【原因】性行為・輸血・母乳などによるHIV(ヒト免疫不全ウイルス)の感染。

【症状】数年～15年以上の潜伏期間を経て発症。体の抵抗力が落ち、さまざまな病気にかかりやすくなる。

服薬で発症を抑えることができます!

性感染症⑤ 梅毒

ここ数年で激増している性感染症。とくに20代女性の感染が増えている。

【原因】性行為で粘膜や皮膚の小さな傷から梅毒トレポネーマという細菌が感染することで起こる感染症。

【症状】感染後、2～3週間くらいで、性器周辺や口、肛門にぶつぶつがでて、足の付け根が腫れる。痛みはない。第二期、第三期、晩期と症状が変わっていくが、最後は脳や臓器まで影響が及ぶ。胎児にも感染する。

【治療法】女性なら婦人科、男性なら泌尿器科、手のひらの発疹があれば皮膚科を受診。抗生物質を内服する。

性感染症⑥ 尖圭(せんけい)コンジローマ

長期にわたって潜伏するとがん化する可能性もある感染症。子宮頸がんワクチンで予防ができる。

【原因】性行為などにより、皮膚や粘膜にある小さな傷から子宮頸がんと同じヒトパピローマウイルス（HPV）というウイルスが感染する。

【症状】外陰部にいぼがたくさん出来る。いぼはかゆく、熱をもつこともある。

【治療法】いぼを除去するクリームを塗布したり、手術で切り取ったり焼き切る場合もある。いぼがなくなっても、体内の菌を滅菌できないので、一生症状が出続ける。

性感染症⑦ 毛ジラミ

アタマジラミと同じ仲間の吸血性昆虫「ケジラミ」が感染して起こる。

【症状】ケジラミに刺された陰部が赤くなったり斑点がでたりする。とてもかゆい。髪の毛やわき毛・胸毛に感染することもある。

【治療法】軟膏・薬・駆除シャンプーを使用。全身の毛を剃るなど。

こんなにあるんですね…
大きな声では言えないけど…クラミジアはなったことある…
何も知らずに40年生きてきたなー
性感染症はちょっと言いにくいってのもあってか話題にのぼらへんしな
性感染症の一番やっかいなところは子宮や卵管、卵巣まで感染して、流産や不妊症の原因になったり、
妊娠中に感染すると赤ちゃんまで感染してしまう危険があること
そんなリスクを回避するためにも!!
コンドーム
ボク、避妊だけが仕事やあらへんでー
そうか…性感染症も予防してくれるんだ…
ただしできないものもあるで!

「避妊」にはピルとコンドーム
おさらい
性感染症予防にはコンドーム
中でも子宮頸がんにはHPVワクチンとコンドーム
そして定期的な検診や！
男子にも女子にも自分の体を守るためにコンドームの重要性をしっかり教えてあげて！
避妊の目的でのコンドームは親としてすすめにくいけど…
いや、それもちゃんと伝えなきゃダメだけど…
病気を予防するためもあるってことなら伝えやすいかも…
あと大切なのはいろんな情報にふりまわされて不安にならず、
正しい知識を持つことやな！
はい
ってことで資料は捨てますね♡
ドッサー
いや、家で捨ててよ！

6

性感染症（ＳＴＩ）は誰でもかかる可能性がある！

セックスやディープキスなどの性行為によって感染する病気のことを性感染症（ＳＴＩ／Sexually Transmitted Infections の頭文字）と呼びます。以前は「性病」と呼ばれていましたが、現在は法改正により「性感染症」という名称に。ＳＴＩにはクラミジア、淋病、性器ヘルペス、梅毒、尖圭コンジローマなどがあり、子宮頸がんやエイズなど命にかかわる病気になる可能性もあります。

自覚症状がないことで感染がどんどん広がるＳＴＩ

一般的なＳＴＩを見ると、日本で多いのはクラミジアと淋病。特にクラミジアは、性体験のある高校生の10人にひとりが感染していると言われています。クラミジアは男女共に自覚症状がない一方で、感染が長く続くと、生殖器の中で組織と癒着しながら広がるため、不妊症、流産・早産の原因になることも。

感染予防はコンドームが有効。ただし、オーラルセックスをすれば、のどに感染することもあります。よって、オーラルセックスの際もコンドームをつけること。また、性体験がある人は、性器だけでなく、のどの性感染症検査を受けてみても。

ほとんどの性感染症は治療可能ですので、恥ずかしがらずなるべく早く病院へ行くことをおすすめしてます。

梅毒患者が急増中 早期対応を

梅毒は、トレポネーマという病原菌の感染による病気です。症状に見られる赤い発疹がヤマモモに似ていることからこの名称に。主に性的行為で感染します。コンドームなしで感染者と性行為をするとおよそ3割が感染し、キスでも感染する可能性がある比較的感染力の強いSTIです。

江戸・明治時代に猛威を振るった梅毒ですが、戦後特効薬のペニシリンの実用化・普及によって患者数が激減し、1990年代以降年間千人を下回って、もはや「過去の病気」扱いをされていました。しかし、2010年以降再び増加の兆しが見られ、ここ数年で急増。2017年には現行の集計となって以降初めて男女合わせて5千人を突破しました。それを受け、国も政府広報オンラインで注意喚起を促し、厚生労働省もウェブサイトでQ＆Aを公開するなど予防情報の拡散に努めていますが、一向に減る気配がありません。

特に、この5年間で女性患者が5倍以上になっていることに多くの医療関係者が警鐘を鳴らしています。妊娠・出産に大きな影響があるからです。しかも残念なことに、その妊娠・出産の時期と重なる20代の感染者数が突出しています。

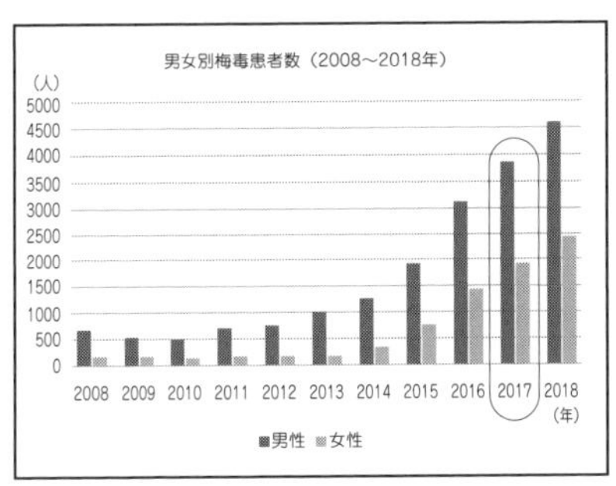

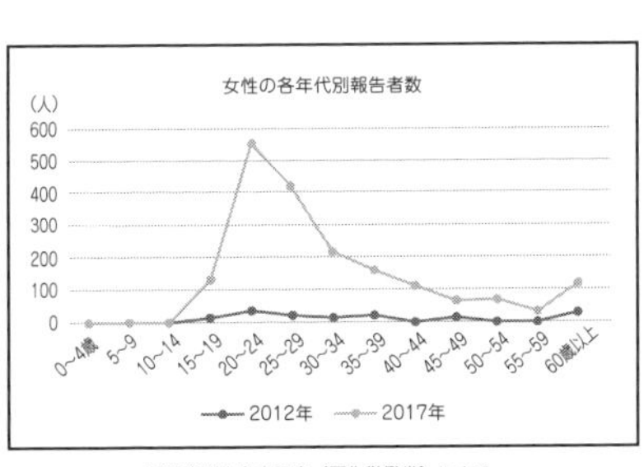

感染症発生動向調査（厚生労働省）による

妊娠中の女性が感染すると、胎児が胎盤を通して二次感染するリスクが、60〜80％と極めて高く、親が無治療の場合、40％は流産や死産となります。生まれた場合も、肝臓や目、耳に先天性の障害を引き起こす「先天梅毒」の心配があります。

梅毒は、初期において自覚症状がないことが多く、潜在的な患者数はグラフの10倍から20倍にもなるとの見解もあります。ほとんどの人がまさか自分が感染するわけがないと思い、新たな人と関係を持ち感染が拡大していきます。「特定の人としかしていないから自分は安全」と言っても、相手が自分だけとしかしていないかはわからないですし、検査をしない限り、お互い感染していないかどうかはわかりません。保健所でも、無料・匿名で、梅毒の血液検査を受けることができ、相談にものってくれます。少しでも心配があれば、すぐに検査をすることをおすすめします。

若い女性に増えている子宮頸がん

ところで、日本では子宮頸がんの患者数・死亡者数とも年々増加傾向にあります。年間約1万人がかかり、約3千人が死亡（死亡者数は1975年に比べほぼ2倍！）という報告もあります。特に20〜40歳の若い女性の罹患が急増しています。

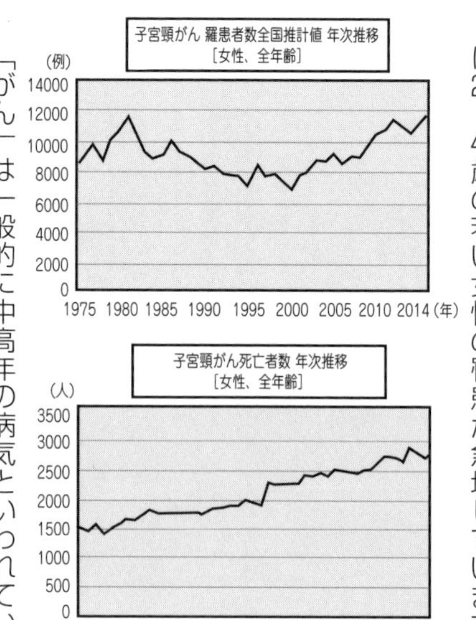

出典：国立がん研究センターがん情報サービス「がん登録・統計」

「がん」は一般的に中高年の病気といわれています。たとえば、子宮奥の子宮体部のがん「子宮体がん」と診断される人は、40歳頃から増加し、50から60歳代でピークを迎えます。一方、子宮頸がんの患者数は20歳代後半から増加して、40歳代でピークを迎え、その後横ばいになります。子宮頸がんが若い女性にも多いのは、セックスで感染するウイルスが原因だからです。子宮頸がんの多くは、ヒトパピローマウイルス（HPV）というウイルスの感染が原因。HPVは、皮膚の表面や粘膜などにいる、ごくありふれた常駐ウイルスで、100種以上あり、その中の15種類ほどががん化するといわれています。

セックス経験がある女性のうち50%～80%は、生涯で一度はHPVに感染するといわれています。大抵、体の持つ免疫力が働いてウイルスを除去しますが、ごく一部が何年も子宮に滞在し、さらにその一部が細胞の遺伝子に変異を起こし（前がん病変）、さらに一部が子宮頸がんに成長します。

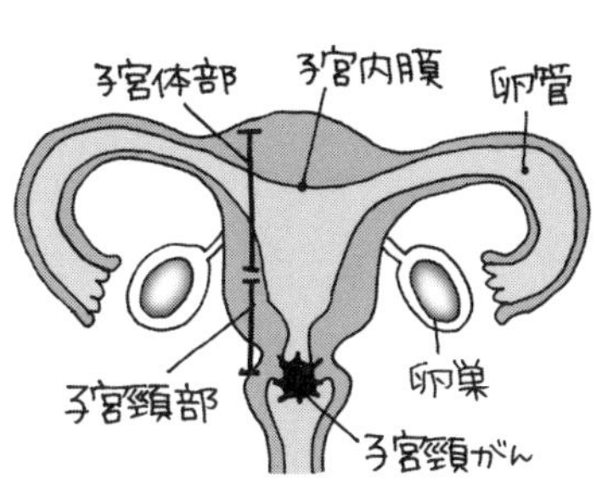

がん病変やごく初期の早期がんで発見されれば、子宮頸部を円錐形に切りとる手術で完治もできます。でも進行してがんが大きくなると子宮全摘が必要となったり、もっと進行して転移で命を落とすことも。また、完治しても、早産や、子宮の入り口が細くなったり閉じてしまったりと妊娠・出産に影響が出る可能性があります。

子宮頸がんの予防はワクチンと検診

子宮頸がんは、コンドームでもある程度予防はできますが確実ではありません。しかし、HPV感染をブロックするワクチンを注射することで全体の50～70%の感染予防ができます。

ただ、ワクチンはすでに感染している細胞からウイルスを排除する効果はありません。ですから、20代、30代の女性が受けても一定の効果はありますが、初めての性交渉を経験する前に接種することがもっとも有効なのです。

ワクチンには、子宮頸がんを予防するワクチンと、尖圭コンジローマも予防するワクチンの2種類があり、いずれかを6ヵ月に3回接種します(今後、回数は減る可能性もあります)。子宮頸がん以外にも女性の外陰がん、膣がん、男性も尖圭コンジローマのほか陰茎がん、肛門がん、中咽頭がんの予防にもなります。

HPVワクチンは、2013年4月に予防接種法に基づいて、小学6年生から高校1年生女子に対して、定期接種化されました。現在、一時的に自治体からのお知らせ(接種対象者に接種時期を通知)や、個別に接種を奨めるような積極的勧奨は中断していますが、定期接種としての位置づけに変化はなく、公費助成による接種は可能です。定期接種の期間が過ぎると、約5万円かかる自由診療になってしまうので注意しましょう。なお、男子は助成がないため、すべて自由診療となります。産婦人科医の中では、ワクチンのメリットを重視して、息子に打たせる人もいるようです。

また、一般の方には副作用を心配する人も多いですが、WHO(世界保健機関)は世界中の最新データを継続的に解析し、HPVワクチンは極めて安全であるとの結論を発表しています。ただ、HPVワクチンは筋肉注射であるため、注射部位の一時的な痛み・腫れなど局所症状は約8割の方に生じますが、ほとんどは自然に治ります。

また、ごくまれに起こる慢性疼痛や運動障害などHPVワクチン接種後に報告された「多様な症状」と、HPVワクチンとの因果関係を示す根拠は報告されておらず、これらは機能性身体症状と考えられるとの見解が発表されています。

子宮頸がん予防ワクチンに限らず、どんなワクチンや薬でも、メリットとデメリットがあります。平成30年1月に厚生労働省がホームページに公開したリーフレット(https://www.med.or.jp/doctor/kansen/kansen_vaccination/hpv180118-info01.pdf)も参考にしながら、親子で接種について考えてみてください。

ただし、ワクチンを接種していても、すでにHPVに感染していたり、ワクチンが予防できない型のウイルスに感染していると、子宮頸がんを発症する可能性があります。子宮頸がんは、初期症状がほとんどなく、不正出血やおりものの変化が見られたときはもうがんが進行している場合があります。早期発見と治療のためにも、お子さんが20歳になったら定期的に子宮頸がん検診を受けさせましょう。もちろん母親も対象外ではないので、親子で検診を受けるとよいでしょう。

エイズは死に至る病ではない 正しい知識で感染予防

エイズの原因は、HIV（ヒト免疫不全ウイルス）の感染。輸血・注射針の共有などによる血液感染や、性的行為中の精液、膣分泌液などを介して、傷ついた皮膚や皮膚粘膜から体内に入ることで感染します。

分娩時や母乳からによる母子感染もあります。ただ、HIVは汗や唾液にはほとんど含まれておらず、せき、くしゃみや握手、軽いキスやプール・温泉など日常的な接触では感染しません。

HIVは感染して2〜6週間後くらいに発熱、発疹、リンパの腫れが生じる人もいますが、自然治癒することがほとんどです。その後5〜15年以上、まったく無症状の潜伏期が続きます（この時期の患者をHIVキャリア、感染者と呼びます）。

その後、免疫力がすっかり弱り発症すると、エイズ患者に。ただ、現在の日本では医療技術が発達し、検査を受けて感染がわかれば、服薬することで、潜伏期をかなり引き延ばすことができ、天寿を全うできるうえ、方法を選べば、性行為・妊娠・出産も可能です。いずれにしても、早期発見・早期治療がカギ。感染して6〜8週間後に血液中にHIVの抗体ができるので、可能性のある行為をしたと思ったら、3カ月後以降に全国の保健所（無料・匿名で受けられます）や一般の医療機関で血液検査をします。感染の可能性のある行為をしたら、自分のためだけでなく、セックスパートナーや将来生まれてくる子どものためにも積極的に検査を受けましょう。

宋先生から
娘に伝えたい
ヒトコト②

愛と
セックスは
分けて考えて！

「愛があれば」というといろいろごまかせますが、愛とセックスは別。愛をどう教えるは難しいのですが、親が与える「無償の愛」を実感してもらうことで（ときには叱ったりキレたりもしますが）、子どもなりに考えてもらえればいいです。反対に言葉で伝えられるセックスの本質的な部分をきちんと教え、性に関して自分で決められる女性になってくれればと考えています。とはいえ、まだまだ小さいので、街中でひとりにしない、死角を作らない、常識的にみてやばい服装はしないなど親が気をつけてあげなければならないことも多く、心配もしています。

性について興味を持った時点で教えているので、いずれ男女の接触に興味がわけば、性感染症の話題もでるでしょう。「キスでもヘルペスは感染する」とか「コンドームをしてもリスクがある」とか、機会を見つけ情報を共有していこうと思っています。

3章

「ひょっとしたら」を恐れずに

LGBT・自傷・男の子の性

vol.7 ……………………………… みんなちがってみんないい

そんなこと言っちゃダメよっ!!
えー?なんで?なんでダメなのー?
悪意のない瞳
え…え―――と…それは…
ダメなものはダメ…!!
なんて言えばいいの!?
説得力ゼロ!!
なんでなんでー?
それは人をバカにして傷つけることだからやで
ハッ
この関西弁は!!
バーーン
神出鬼没!!
宋先生!
誰ー?誰この人ー?

でも男が女みたいなのってヘンじゃーん
そーだそーだーっ
ヘンでもなんでもあらへんで!
こっちもキラキラしたるで
自分と違うからって、おもしろおかしく笑うのは暴力なんや
でもテレビでオカマの人が笑いをとってるよ?
ど・れ・ほ・どー❤
ワハハハ
うん…あれはお仕事でやってることだから
それでもだいぶ減ってきたけど
もしなおき君が
どうして男の子のかっこうして、男の子のすきなものがすきなの?ってきかれたらなんってこたえる?
THE★BOY
え!!

え…
なんでだろ？
お…
女の子じゃ
ないから…
ちょっとよく
わかりま
せん…
イミ
が…
一年生やもんな
理解するのは難しい
かもしれへんけど…
世の中には
背の高い人もおれば
低い人もおるやろ？
生まれながらに
体の丈夫な子もおれば
体の弱い子もおる
気持ちは男の子なのに
女の子の体で生まれてくる
人もいれば
女の子の気持ちを
持っているのに男の子の
体で生まれてくる人も
おるんや

いろんな人がおるのがあたり前の世の中なんや
そう思ってお互いを認めあって生きていくそうしないと、いつか自分が苦しくなるんやで
きっとこの先、なおき君たちも、心と体の性別が違うお友だちに出会うと思う
そういう子に出会ったら、決してヘンだと思ったりバカにせんといてほしいな…
うん、わかった
ボクがもしじぶんがどうしようもないことでそれをバカにされたら悲しくなっちゃうもん…
お！かしこいな！
「みんなちがってみんないい」や!!
よし！遊んでおいで！

ワーッ
ありがとうございました〜
なんと説明すればいいのか全然わからなくって…
言い方難しいわな
〝LGBT（性的マイノリティ）〟のことも最近ようやくみんなの意識にあがってきたところやし
〝LGBT〟に対する
認知度調査
2015年で37.6%が
知っている
2018年では68.5%が
知っていると回答
倍近く!!
G
「Gay（ゲイ）」
（男性同性愛者）
男性が恋愛対象
L
「Lesbian（レズビアン）」
（女性同性愛者）
女性が恋愛対象

T
「Transgender」
(出産時に診断された性と自認する性の不一致)
社会的には女性
B
「Bisexual」
(両性愛者)
女性も男性も恋愛対象
Q
「Questioning」
自身の性自認や性的嗜好が定まっていない人
この頃は〝LGBTIQ〟と言われたりすることもある
男性が好き?
女?
女性が好き?
男?
〝LGBT〟と一口で言っても、体の性と心の性、恋愛対象になる性はいろんなパターンがあるんや
図にしてみたけど実際はもっとあいまい
体
心
恋愛対象
女
男
男・女
男・女
男・女
男・女

人口の８％はLGBTなんや。1クラスに2、３人の児童はセクシャルマイノリティということになる
これは左利きの人と同じくらいの割合になるんや
そんなに!?
私…女子校だったけど、クラスにひとりくらいは男の子っぽい子はいた。けど…2、３人もいるのかぁ…
後輩にモテモテ
まだまだカミングアウトしにくい世の中やからな。特に未成年はまだ自分自身もまわりも理解が追いついてないだろうし
偏見をもたれる
理解してもらえない
気を使われる
噂されるかも
いたんやろうけど言えへんかったと思う
しんどいでしょうね…

そんなこともあって
LGBTの人で、
幼少期から自殺を
考えたことのある人は58％、
実際に自傷・
自殺未遂の経験者は30％、
不登校は29・5％
にも上るんや
生き
づらい
もんね…
自分もそうだったら、
やっぱり一度や二度は
ネガティブな考えに
陥るだろうな…
特に第二次性徴期は、
体の変化への焦燥感、
制服への抵抗感、
恋愛問題も加わり
自殺念慮が高率になる
こんなの
自分の
体じゃ
ない…
親にも相談
できないだろう
な…。
ましてや友達
にも…
当時の友達にも
そんなつらい思いを
していた子がいたのかも
しれないな…
な…
治せたり
しないんです
かね…？
治す!?

これは病気でもなんでもないんや…
治せるとか治せないとかそういうもんではあらへん!!
佐藤さんは今から男性として生きていける?
ムリです…
性的嗜好や性自認は生まれながらに決まってるんや。
努力で変えられるもんではない
「治す」とか思っている時点できちんと理解していない証拠ですね…
反省…
それにしてもクラスに2、3人と考えると…。自分の子がそうであっても全然不思議じゃないですね…
そうやだからそんな子たちの生きづらさを少しでもなくしてやってほしい

先生！もし我が子がLGBTだったり…、
そうじゃなかったとしても性的マイノリティの人に偏見を持たない子になるためにはどうしたらいいんでしょうか!?
そうやな…
まずは日頃から「男らしさ」や「女らしさ」を押しつけないこと。それは呪いになってしまう
男の子なのに泣かない!!
女の子なのにみっともない！
あわわ…、つい言ってしまうことあります…
日常的に「理解がある」ということを示してあげることが大切
自分らしくスキに生きたらいいよ
まだ小さいうちは本人もたいした違和感は感じないけど
ボクお人形さんスキなんだー

思春期になると自分の性について意識し出すから、もし
あれ…もしかしてうちの子…
と思っても、無理矢理聞き出したりせずあたたかく見守ること
私服の高校も探してみる？
親自身が多様性を受け入れて、多様な人間関係を築くことも大切
性別にとらわれずすべての人が「自分らしく」すごせる社会になるよう、子どもたちに伝えていくことを学ばんとな！
はーい！
帰り道
ママーママはどうしてお化粧しないの？みんなしてるのに
ママらしいでしょ
これも多様性ってことで!!

7 まずは親が〝多様性〟を知ること

そもそも、性のあり方には次の3つの要素がからんでいます。

①生物学的な性（体の性別）…染色体、性器、女性ホルモンの値などで決められる性。

②社会的な性（心の性、性自認）…自分が自分自身の性別をどのように意識しているか

③性的指向（好きになる性別）…どの性別の人を好きになるか、あるいは好きにならないか

最近よく耳にするLGBT（エルジービーティー）は、セクシャル・マイノリティの総称のひとつです。②の自認する性と、③の恋愛対象となる相手の性によって、レズビアン（Lesbian／女性が好きな女性）、ゲイ（Gay／男性が好きな男性）、バイセクシャル（Bisexual／女性も男性も恋愛対象）、トランスジェンダー（Transgender／体の性別と心の性別が一致しない人）に分け、この頭文字をとっています。

最近では、性的指向（Sexual Orientation セクシャルオリエンテーション）と性自認（Gender Identity ジェンダーアイデンティティー）の頭文字をとった「SOGI（ソジ）」という概念と呼称が国際的に使われ始めました。

決められた性と自認する性が違うケース

LGBTの中でも、「T＝トランスジェンダー」は、①の体の性と、②の心の性が異なる状態で、体の性は男性、心の性は女性の「Male to Female（MTF）」と、体の性は女性、心の性は男性の「Female to Male（FTM）」に分かれます。診断名として、性同一性障害（Gender Identity Disorder：GID）が使われますが、近年は「障害」という言葉を使う必要がないといわれるようになり、「性別違和」というように変わってきています。

トランスジェンダーの9割くらいの人が、中学生までに性別違和を感じるようになり、その違和感のため、自分の体の性を強く嫌う心理状態が続き、自殺を考えたり、自傷や不登校などを高い割合で経験しています。特に思春期を迎える中学生では、第二次性徴に伴う体の変化への不安や焦り、制服への抵抗感や恋愛問題も加わるため、学校での対応も進められています。また15歳になると、ホルモン治療や性別適合手術など、医療的な対応も受けられます。

ただ、ここでは、便宜上分けて説明しましたが、実際はもっともっと多様です。心の性別ははっきりと男・女で分けられず、実際はグラデーションですし、体の性も男女きっちり判別できない場合もあります。性的欲求や誰かを好きになることもない人もいます。

なぜ同性愛者や性別違和をもった人が生まれるのか、詳しくはわかっていません。性的指向や性自認は生まれながらに決まっていて、変えようとしても変えられるものではなく、無理に変えさせようとするのは、本人を否定するようなものです。

まずは親が偏見を捨て、多様性の世界に飛び込んでみてください。自分がLGBTであろうと親は変わりなく愛してくれるだろうと子どもが思えるような行動を見せておいてください。そして、子どもが性別に関して悩んでいるようであれば、スクールカウンセラーや保健室の先生などに相談するよう伝えてみてください。性同一性障害の当事者グループや家族会、ジェンダークリニックやGID学会にも相談窓口があります。

vol.8 ……息子に伝えたい性のこと

んじゃ砂場で巨大都市作ろーぜー
おう
ちぇーっ
どすっ
おう
わっ
元気やなー
宋先生！
すみません!! 大丈夫ですか!?
ちゃんと前見て走りなさいっ
大丈夫大丈夫
またお昼ですか？
そうやねん
いつもこの公園で食べてるんや
はぁ…
それにしても男の子っていつ落ち着くんでしょう…
トホー
まぁ… おとなしい子もおれば元気な子もおる…。すべては個性やからな
ワー
私の友だちの息子は中学生でも全然落ち着きなしで
マジですか…

おとなしかったら
おとなしかったで、
心配になるもんやで
親っちゅーもんは
心配ばっかする生き物
やしな…
たしかに…
心配といえば先日、
先生から〝性感染症〟の
話を聞いて
息子にも
ちゃんと性のことを
教えないといけないな、
とは思うんですけど
男子にも女子にも
自分の体を守る
ためにコンドームの
重要性をしっかり
教えてあげて！
性感染症の話のときの先生のお言葉
そうか、
コンドームって
避妊だけが
目的じゃないの
ね…
そうなのよ
自分を守るために、
そして誰かの大切な
娘さんを守るためにも

コンドームの話以外にも
伝えるべきことって
あるでしょうか？
カッ
何度も言うけど
一番大事なのは
〝積極的合意なき
ところにセックスなし!!〟
デートにOKしたからって、
セックスがOKということ
にはならない!!
お酒飲んで酔ったからって
OKにはならない!!
男性の家に行った、
女性が家に招いたからと
いってOKではない!!
どーぞ
ぐふふ
勝手にOKにすな!!
くわっ
暗黙の了解など
セックスにおいては
存在しない!!
ちゃんと相手に
意思を伝え、
相手の意思を
確認し尊重する
ことが大切!!
家に
入れたって
ことは
OK
だよね
？

というわけで、相手をちゃんと尊重できる大人に育てることが親の責務でもあるかな
みんな誰かの大切な存在であること
つきあっている彼氏や彼女であっても自分の所有物ではないこと
個
個
あと男の子は特に間違わないでほしい
AVやエロ本エロ動画のほとんどがファンタジーであるということを!!
男性の願望を煮詰めた演出!!これはホンマに罪やで!!
イヤよイヤよも
思春期なんて経験がないから特に、AVなどのソフトで学びがちや…
こーゆーのがいいのか…
相手がイヤがっていてもそのうち女性もその気になるとか
イヤイヤっ
体は喜んでるじゃねえか!
女性もコンドームをすることは望んでないとか
生でして…♡
え…

そんなストーリー展開になってるの？AVって…
みんなそんなの観てんの…？
女性からしたらコンドームつけないでやろうとする男なんて、ソッコーで別れるよね…フツー…
妊娠の同意があるなら別だけどさ…
せや
だから必要なのはファンタジーでなく正しい知識！
「外出し（腟外射精）や2回目からの射精は妊娠しない」とか
2回目なら精液が薄くなって妊娠しにくいというのはウソ！
外出しも妊娠する可能性あり！
ウソ
そして絶対に妊娠しない「安全日」などない!!
精子は3〜7日もつからな!!
安全日？知らんがな
行為の後すぐ腟を洗えば大丈夫ってのは？
コラコラんなわけあるかい！
洗ってるのはほぼ入り口！意味ナシ！
このへん
どれも息子には知っておいてほしいけど…
こういう話っていつ頃すればいいんでしょうか…
さすがにまだ1年生だし…

思春期が落ち着いてきたタイミングがええんとちゃうかな
親子の関係が良好じゃないと、なかなか難しいかもしれんけど
コンドームは…
は!?
ババア、頭おかしいんじゃね!?
たしかに…
あの…精通のことやマスターベーションはどのように扱えば…
それ!!
あと女はよくわからん包茎系の話とか!
ビシッ
それは…家庭によってもいろんな考えがあると思うけど…
息子に教えるのは男女の体の違いくらいにとどめて、性まわりの話は母親が無理に頑張らなくてもええと思うわ
えっ!? いいんですかっ!?

思春期あたりの男の子に
異性である母親が
性について教えるのは
親子共々、苦痛じゃない？
そりゃめちゃくちゃイヤですよ!!
私より息子のほうがキツいだろうな…と思います…
逆に考えて、自分が13～15歳の頃に父親から生理や性行為の話なんかされたら家出しちゃうレベル
イヤすぎる!!
だからそこは無理せず父親やおじいちゃん、親戚のおじさんやお兄ちゃんなど、子どもと身近で信頼できる男性にお願いすればいいと思う
そっか…ちょっとホッとした～!
でもちゃんとした知識を持ってる人じゃないとアカンで
お母さーん
おたまじゃくし家で育ててもいい？
バヒーン
つかまえるなって言ったでしょーっ
帽子ーっ

8 男の子の性教育、必要なのは一にも二にも正しい知識！

いままで女の子に対しての性教育を中心にお伝えしてきましたが、男の子の親としての心づもりも考えておきましょう。まずは思春期までに、体の仕組みと女性に対する基本的な姿勢を教えておきたいところです。特に性的合意については、52ページの「リプロダクティブ・ヘルス／ライツ」をしっかり教えておくことが、21世紀を生き抜く男の子には必須になってきます。

また、子どもの持ち物からエロ本やAVが見つかっても「こんなもん持って！」と叱るのではなく、「あぁ息子も成長したな」と見守ってあげてください。「セックスやマスターベーションはいけないこと」「エッチな写真を見て興奮するのはいけない」などと頭ごなしに言うと、性に抵抗感を抱く「性嫌悪症」になる可能性もあります。

それから、子どもは家での両親の関係をトレースしがちなので、現在のご夫婦が「強い父親に従う母親」のような関係の場合、そのケースを見せるかどうかなども考えておいたほうがいいでしょう。自分たちと違う男女の関係を築いてもらいたい人は、あえて子どもの前ではそうした関係性を見せないようにしてもよいのではないでしょうか？

セックスのお手本はAV!?

最近、大人の男性の性に関して問題だと思うことがいくつかあります。

一番危険なことは、AV神話。セックスについて、AVから情報を得て、影響を受けた行為をベッドにそのまま持ち込んでいる様子がうかがえます。たとえば、レイプまがいの行為をしてしまったり、女性の「イヤ」はOKのサインなど、ゆがんだ性感覚を抱きがちです。AVはあくまで、男性の脳内を喜ばせるためのファンタジー。AV出演者は、あくまでも演技者という職業で「見せるセックスのプロ」。「こういう人がいたらいいな」「こういうセックスがあればいいな」と思うから映像商品になっていて、現実社会とは別物だということを男の子にはわかってもらいたいです。

また、最近、男性の勃起障害や射精障害が増えています。射精障害とは、マスタベーションでは射精ができるのに、女性の膣内では射精できないという障害です。成人男性の20人にひとりが射精障害という調査結果もあります。その原因のなんと7割はマスターベーション。主に以下の3つの行為が正常な射精を遠ざけています。

①グリップが強過ぎる…腕を握ったときに血が止まる感じがするぐらい強く握らなければイケない。女性の膣はそんなに強くないので、射精できない。みかんがつぶれない握力で握るのが正解。

②俗に言う〝足ピン〟…足をピーンと伸ばしていないと射精ができない。そうなると、正常位や後背位ではイケないようになる。

③〝床オナ〟…床やテーブルの角に擦り付けるようなマスターベーションも、膣内で射精ができなくなる原因になる。

将来のためにも気をつけてと、男親から伝えてもらったり、このページを開いて目につくように置いてみたり、性行為について書いた本『女医が教える　本当に気持ちのいいセックス』(ブックマン社)を渡したりして、メッセージを届けられることを祈っています。

vol.9 子どもの心によりそって

……
…誰にも言わないで
…って言われたんだけど放っておくわけにもいかないし…どうしたらいいのか…
フウ…
お母さんには相談してないの？
れなの姉
まなみのママとうちのママ仲がいいから…、もし伝わっちゃったらと思うと言えなくて…
そうか…
私を頼ってくれるのは嬉しいが…。
ムムム…
オイソレと答えられる問題じゃないわね…
これは…
宋先生に相談だ！
SONG LADIES
クリニック
なるほどなー…。それは友だちとしては何とかしてあげたいわな

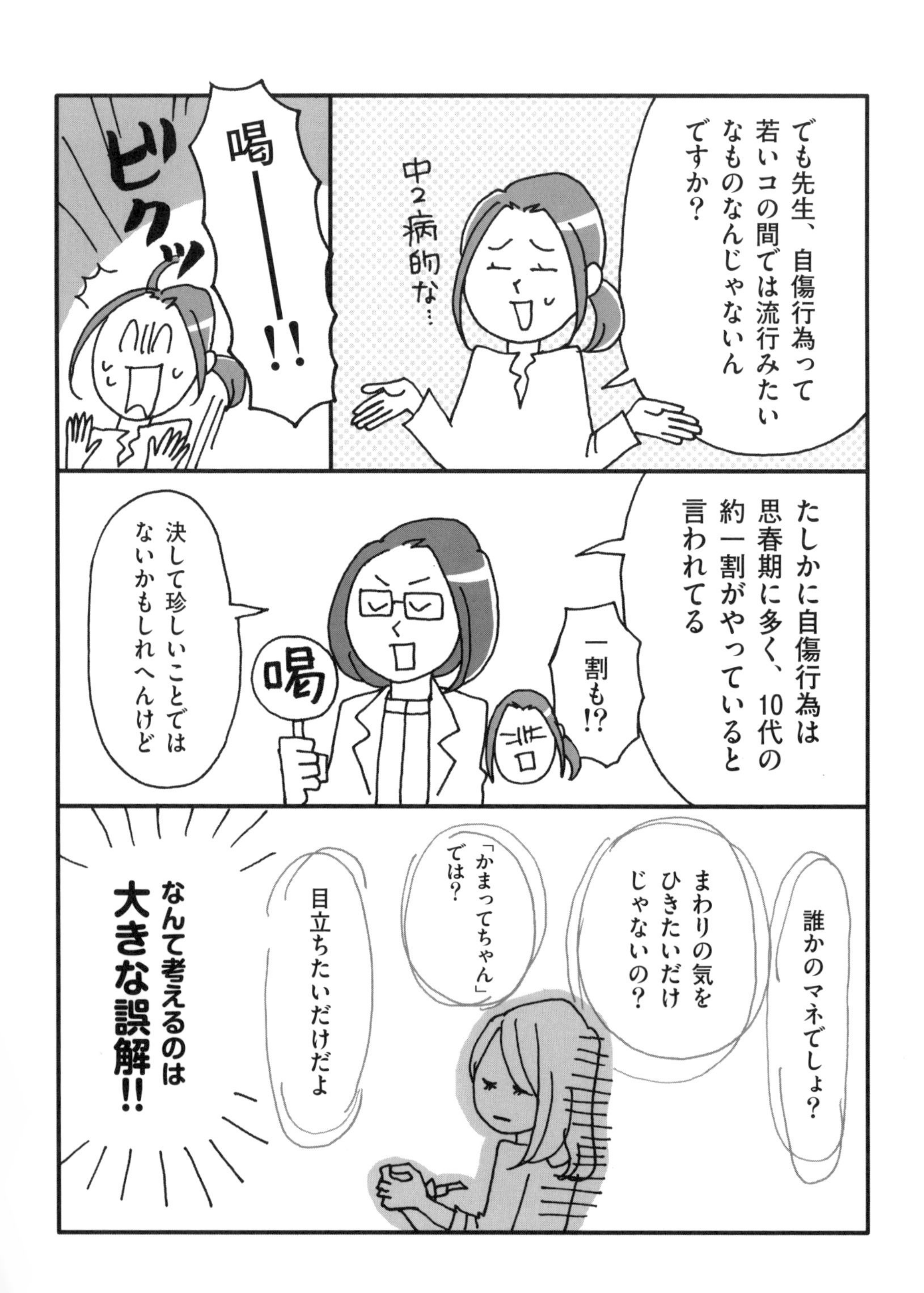
でも先生、自傷行為って若いコの間では流行みたいなものなんじゃないんですか？
中2病的な…
喝ーー!!
ビクッ
たしかに自傷行為は思春期に多く、10代の約一割がやっていると言われてる
一割も!?
決して珍しいことではないかもしれへんけど
喝
誰かのマネでしょ？
まわりの気をひきたいだけじゃないの？
「かまってちゃん」では？
目立ちたいだけだよ
なんて考えるのは
大きな誤解!!

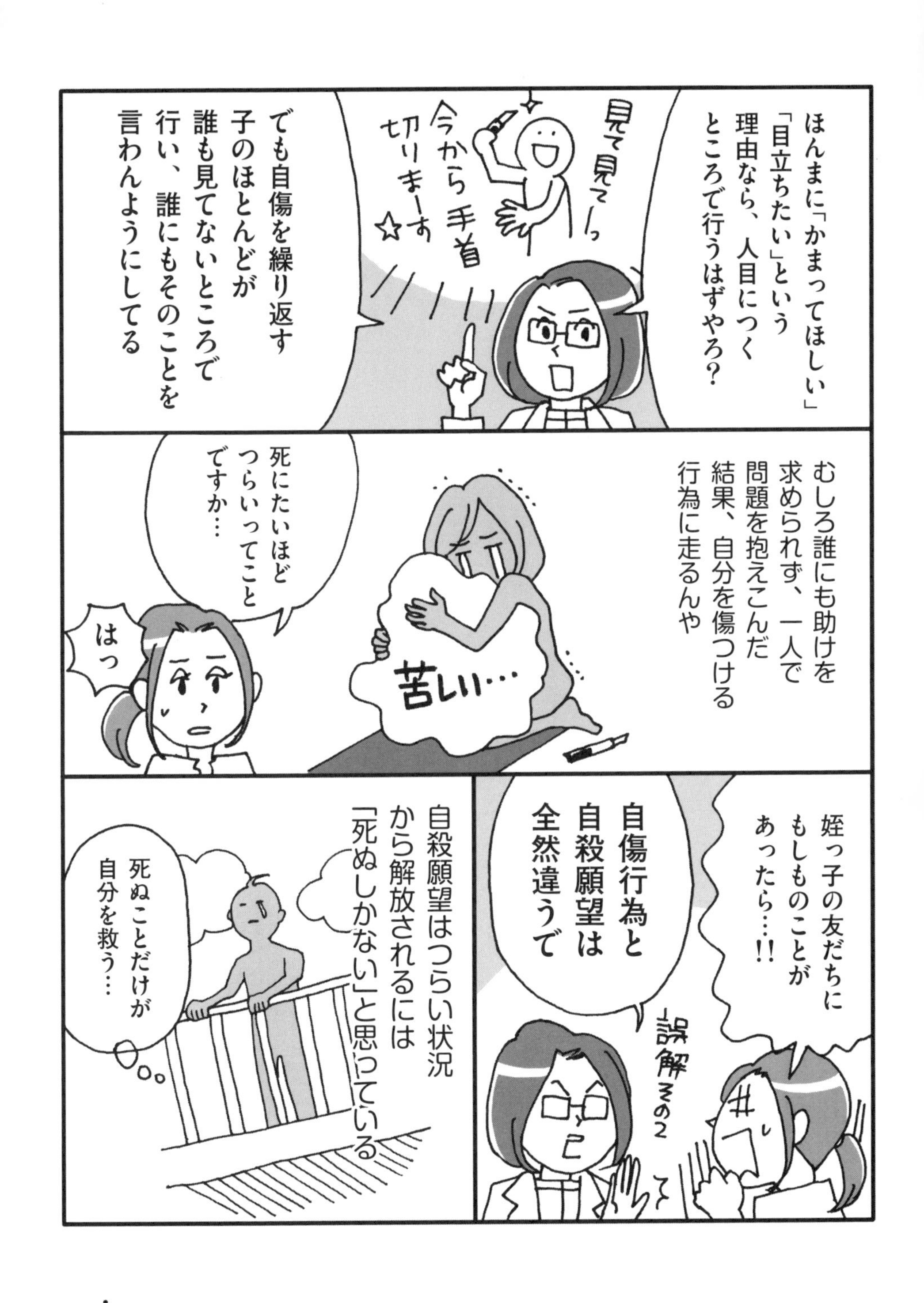
ほんまに「かまってほしい」「目立ちたい」という理由なら、人目につくところで行うはずやろ？
見て見て～
今から手首切りま～す☆
でも自傷を繰り返す子のほとんどが誰も見てないところで行い、誰にもそのことを言わんようにしてる
むしろ誰にも助けを求められず、一人で問題を抱えこんだ結果、自分を傷つける行為に走るんや
死にたいほどつらいってことですか…
はっ
苦しい…
姪っ子の友だちにもしものことがあったら…!!
自傷行為と自殺願望は全然違うで
誤解その2
自殺願望はつらい状況から解放されるには「死ぬしかない」と思っている
死ぬことだけが自分を救う…

自傷は
強いストレスや怒り、
絶望感といったつらい
状況から一時的に自分を
解放するために
行うのや
自傷の痛み
心の痛み
痛みを感じることで
つらさを一瞬、忘れる
ことができる
自傷はむしろ
つらい状況の中で
生きのびる術なんや
自殺と
自傷は
目的が違う
んですね…
むしろ
逆…
でも自傷の延長に
死が待ってることもあるで
自傷は
安心する…
気分がスッと
する…
と感じる人がいる。これは
自傷することで、脳内麻薬
といわれている物質が分泌
されるから
パァア…
タバコや
アルコールと
同じで依存性が
あるんや
TOBACCO

依存によって何度も
何度も繰り返すうち
刺激に慣れてしまい、
だんだんエスカレートして
より深く傷つける
ようになることがある
全然
効かない…
そうして死に至ってしまう
こともあるんですね…
依存していたらより
難しそうですけど…、
なんとか自傷をやめ
させる方法はないん
でしょうか…!?
自傷を
やめさせる…。
もし
自傷自体を
やめさせることが
できたとしても…
そのコが抱えている苦しく
つらい問題を解消しない
限り、何の解決にもならへん
苦しい
つらい
絶望感
ストレス
ブッ
自傷
たとえば
リストカットを
やめさせたと
しても、問題がそのままなら
また他の自傷行為に
走るだけや

自傷行為は「リストカット」以外にも
髪の毛を抜く
タバコなどを体の一部に押し当てる
鉛筆などで体の一部を刺す
不特定多数の人物と性的関係を持つ
摂食障害（過食・拒食）
SODA
薬物使用や飲酒、喫煙
など
ピアスを大量にあけたり、タトゥーを入れる人の中には自傷が目的である場合も

完ペキ主義の子も
自傷行為に
走るおそれがある
？
どうして
ですか？
「できない自分」に
罰を与えるために
自分を傷つける
ことがあるからや
親の期待が
高すぎるって場合も
あるかも…
とにかく
自傷している人を
見つけた場合、
やったらアカンのは
頭ごなしに叱責したり、
何やってんの
やめなさいっ
やめないん
だったら
友だち
やめるよっ
なんて脅したりすること
やみくもに
まわりに相談すると
結果そのコを追い込む
ことになる場合もある
え…あのコが…？
親は何してんの…？
姪っ子は「自分は何も
してあげられない」
「友だちを救いたい」って
思い詰めてました…

子ども同士では解決できない問題やから、自分を責めないように言ってあげて
はい
責めず、離れず「自分は味方だよ」ということを友達に伝えてあげてほしいと思う
私は大人として何かできることはあるんでしょうか…
個人的なことには踏み込めないし…
やっぱりそのコの親に言うしかない!?
それはやめといたほうがいい
つらい状況がそのコの家庭に、あるかもしれんからな
家庭の問題
もし、その親が叱責するようなことがあったら事態は悪化するし、「姪っ子ちゃんが伝えた!?」となれば友達関係も悪くなる。そのコがますます追いつめられるかもしれんんで

じゃぁ どうすれば…
打つ手なし…？
専門知識を持っている信用のできる人に相談することかな
まずはスクールカウンセラーや保健の先生とかに相談したらどうやろ？
姪っ子にそう伝えます…
これまで聞いたお話と一緒に…
そやな
でもそのコに姪っ子ちゃんがいてくれてよかったな
味方がいればどれだけ心強いか！
は〜〜〜しかしこんな身近にリストカットの話があるとは…
10代の一割がやるなんて…
……も
もし我が子がやっているのを発見したらどうしたらいいんでしょうかっっ

我が子のこととなると
冷静さを失ってうっかり
怒鳴ってしまいそう…
さっきも
言うたけど
頭ごなしに
叱るのは
絶対ダメ
気持ちは
わかる
けど…
あと
切ってやる!!
やれるもん
ならやって
みろ!!
なんて挑発するのもあかん
触らぬ神に
たたりなし
…
見て見ぬフリは最悪や
見て見ぬフリをしてたら
子どもはそれに気づく。
一番子どもの心を傷つける
ことになるで
知ってるくせに何も
言ってこない…
お母さんは私に
関心がないんだ…
私なんて
どうなったって
いいんだ…
な…
なんと
声かけ
すれば!?

まずは冷静に
その傷はどうしたの?
もし話せるならお母さんに話してみて
と、子どもに寄り添う声がけをしてみて
とにかく感情的にならずに!!
冷静に!!
そのうえで地域の保健センター、子ども家庭センター、保健所、政令指定都市に少なくとも一カ所は設置されている精神保健福祉センターなどに相談すること
私の子育てが悪かったのかも…!!
なんて自分を責めたり、親もひとりで抱えこんだりしないこと!
いじめが原因である場合、学校とも連携して対処せんとな
すべては冷静に!粛々と!!
必要なときに周りの大人に助けを求められる関係を作っていってほしいな
そうですね

決してめずらしくない10代の自傷

この本も終わりに近づきましたが、性＝生の話についてもふれておきたいと思います。

「自傷行為」という言葉を聞いたことがあるでしょうか？「自傷行為」の代表的な例として「リストカット」があります。刃物などで、自分の手首や腕、脚などを切る行為です。10代の実に1割がこのリストカットの経験があるという調査結果があります。地域差はほぼありません。男子より女子のほうがやや多い傾向にあります。

「ふざけてやっているだけ」「かまってちゃん」と思われることもありますが、経験者の6割は10回以上行為を繰り返しており、しかも大人が気づけるのは、そのうちの3％程度。みんなひとりでひっそりと何回も自分の体を切っているのです。ふざけてできることではありません。

そもそも、「自傷」とは、死ぬために行うものではありません。「このくらいなら死なないだろう」という予測の元、刃物で切りつけたり、かたい物に体をぶつけたり、わざとやけどをしたり、「やりすぎた」と思えばコントロールできる方法で行われる行為です。経験者の過半数が、つらい気持ちをなんとかしたいと思って行っています。激しい怒り、恐怖感、緊張感、自分が本当に生きているかどうかわからないという不安感などに襲われたときに、誰の助けも借りずに、自分だけで解決する方法として自傷を選ぶのです。

自傷を繰り返す人は、「脳内麻薬」と言われる物質が血液中に多く存在することが研究でわかっています。自傷の刺激により、脳内麻薬の分泌を促し、それによって心の鎮痛効果が得られると考えられています。自傷経験者に、「どうして切るのか」と聞くと「切るとホッとする」「スーッとする」という回答が得られ、体の痛みで心の痛みにフタをしていることがうかがわれます。

痛みにフタをして、しかも死なないのであれば、そのままでよいかといえばそうではないのです。自傷を繰り返すうち、慣れが生じ、思っているほどの鎮痛効果が得られず、よりひどい自傷を繰り返すようになったり、切ることへのハードルが低くなりエスカレートしたりすることがあります。自傷経験の有無により10年間の追跡調査をしたところ、自死を選ぶリスクが通常の400~700倍にまで上がることが報告されました。自傷行為が自死につながる行為であることはあきらかです。

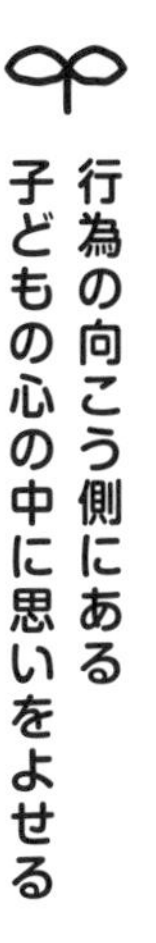

行為の向こう側にある 子どもの心の中に思いをよせる

もし、自分の子や知っている子が自傷していたらどう対処したらよいでしょうか？　自傷を見つけたとき、人の反応は大きく分けて①激しく叱責する②見て見ぬふりをする③「大丈夫？」と声をかける、の3パターンに分かれます。子どもは親に①のように過剰な反応をされたり、②のように過小な反応をされたりすることで、さらに自分が傷つくことも恐れています。本人の気持ちや行動を否定せず③のように「大変だったね」「話せることがあれば話して」と優しく促しつつ、精神科やスクールカウンセラーなど専門家につないでいくことも考えてみてください。

普段から、自分が失敗した話を聞かせるなど、親も完璧ではないということを伝え、相談できる隙を作っておくのも大切です。最大の自傷行為は「誰にも助けを求めないこと」です。「命」ではなく「あなた」が大切ということを伝えましょう。

宋先生から
娘に伝えたい
ヒトコト③

あなたが大事。あなたがHappyでいることが大事。

娘は、ダイバーシティネイティブです。私のまわりにいるLGBTの人とも仲がよいですし、そのためか「男が好きな男の人もいる」といっても「知ってるよ！」とあっけらからんとしています。さらに、「心と体の性が一致していたのはたまたま、心が体にあっていないなら、体を合わせるのも当然」とも伝えています。そもそも親自身の偏見が子どもの意識をブロックしていることが少なくありません。まずは、自分自身の意識をしっかりさせるよう心がけています。娘が幸せであれば、おおかたのことは受け入れようと思っていますし、もしわたしに話せないことがあれば相談できるおとなもまわりにたくさんいるようにもしています。

息子には、時期が来たら私のセックスに関する著書を渡したかったのですが、「オカンが書いた本」は恐怖でしょうから、別の本を探そうと思っています（笑）。

4章

親子で話そう 性のこと

性教育カード

子どもが興味をもったときに話のきっかけとして使えるイラストカードです。

①------で切り取るか、コピーしてご使用ください。

②子どもが「赤ちゃんってどうやってできるの？」など、性に関する質問をしてきたときに、さっと取り出して、親子で見ながらお話しします。説明文が難しいなと思ったら、お子さんに合わせて、アレンジしてください。

③お子さんが、ある程度大きくなってから知らせておきたい生理やコンドームの使い方などのカードは、無理に一緒に読まず、「読んでおいてね」とそのまま渡してもOKです。生理用ナプキンの使い方のカードなどは、娘さんの生理が始まりそうなタイミングで、ナプキンの場所を伝えながら渡したり、ナプキンと同じ場所にしまっておいてはいかがでしょうか？

性教育カード 1

男の人の体・女の人の体

大人と子ども、男性と女性、どこがちがうか、
さわられたらいやなところ（プライベートゾーン）はどこか、
考えてみましょう。

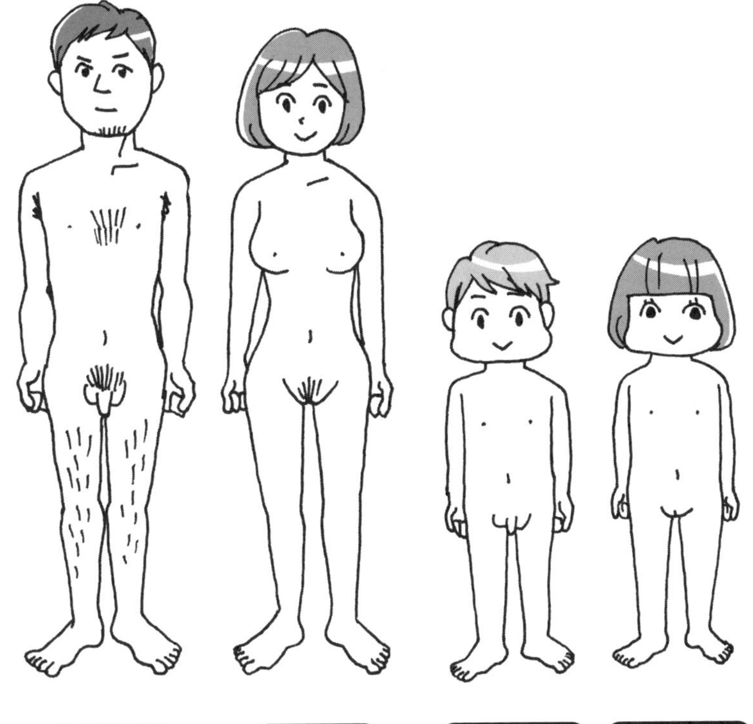

おちんちんのしくみ

男の人の股についている性器です。
おしっこや、精子という赤ちゃんの元になる
種のようなものがでます。
「ペニス」と呼ばれます。

男性性器

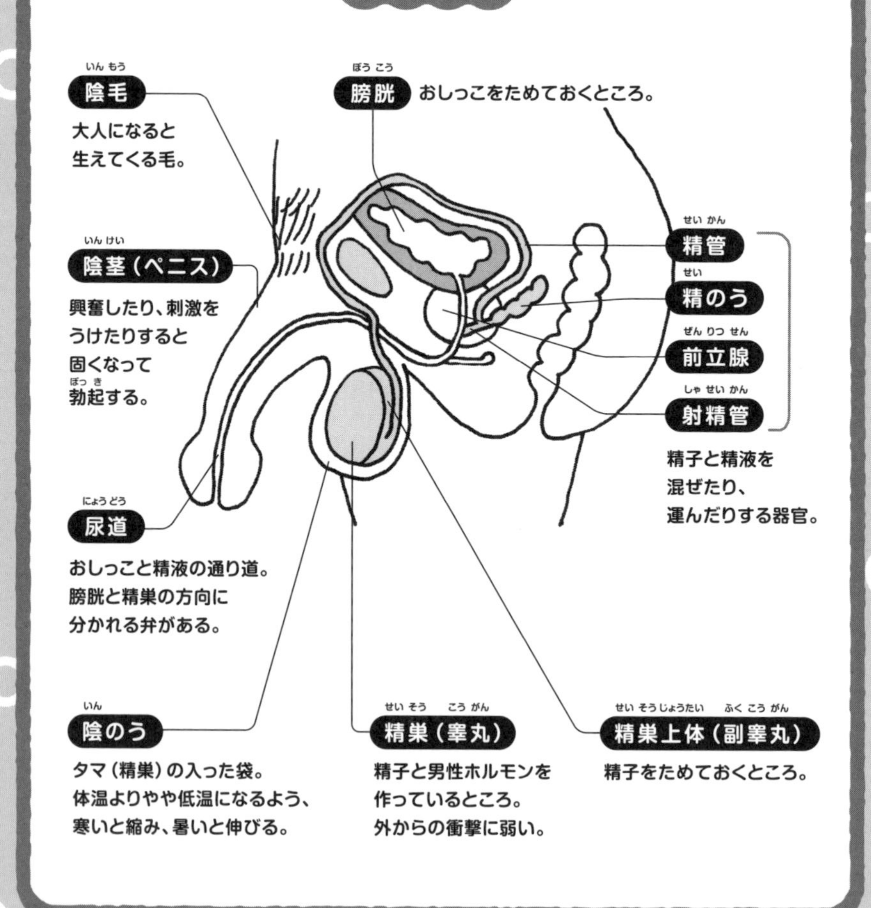

性教育カード 3

おまたのしくみ

女の人の股(また)についている性器です。
体の内側にある「内生殖器(ないせいしょくき)」と
体の外側にある「外生殖器(がいせいしょくき)」があります。
どちらも子どもを産んで育てることに関わる器官です。
「ヴァギナ」ともいいます。

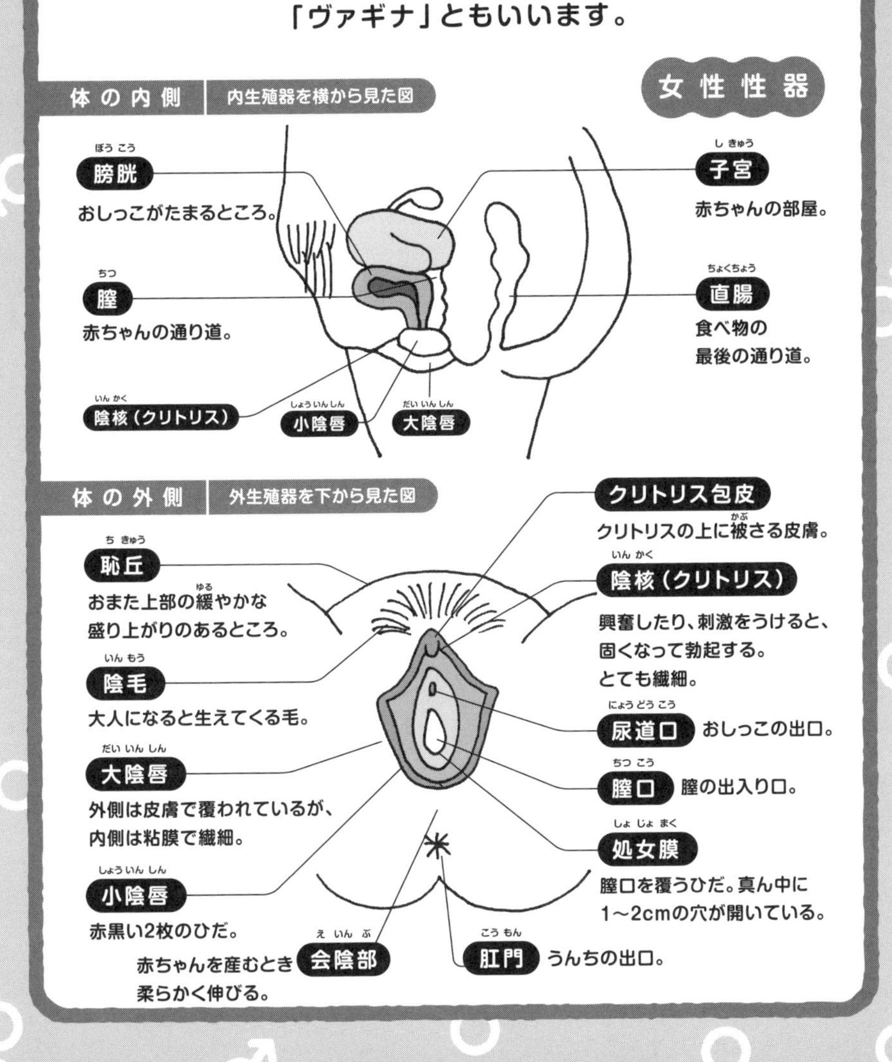

子宮のしくみ

子宮は女性の体の中にある赤ちゃんが育つふくろです。
強い筋肉でできています。
普段は長さ8〜9cmくらいですが、
赤ちゃんの成長にあわせてふくらみます。

子宮の断面図

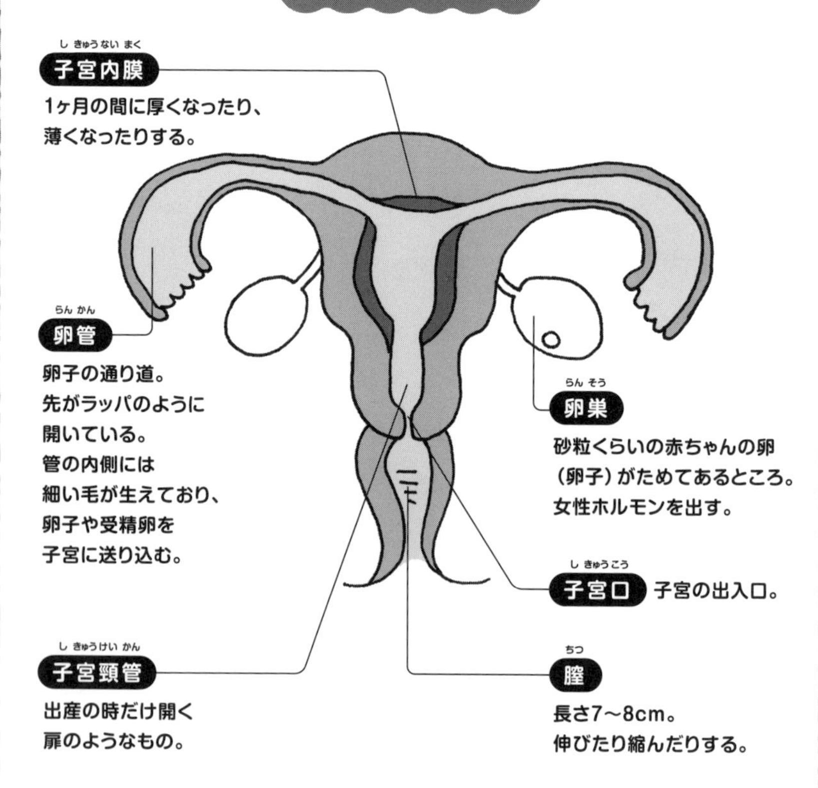

性教育カード

5

赤ちゃんってどうやってできるの？

女性の体の中にある40万個の卵子と、
男性の体から1回に出る4億個の精子の中から、
たったひとつずつだけが出会って赤ちゃんになります。
これは奇跡的な確率です。

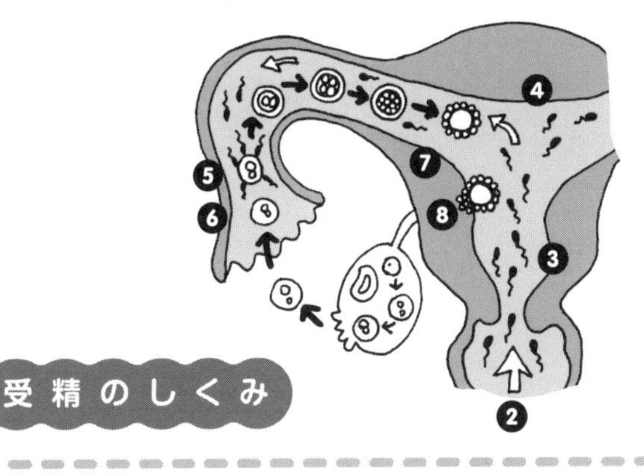

受精のしくみ

1 男の人と女の人がセックスをする

2 精子が膣に入る

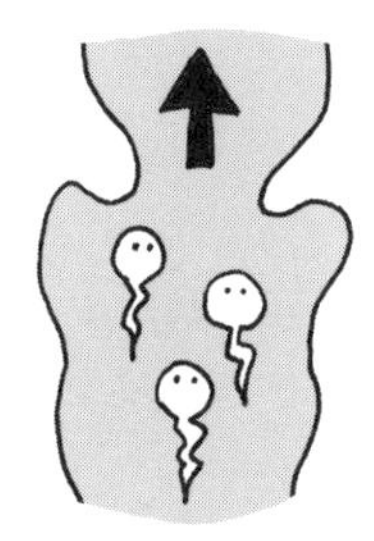

射精により男の人のペニスから、
女の人の膣内に精子が入る。
精子の数は約5000万～1億個。

3 精子が膣・子宮の中を進む

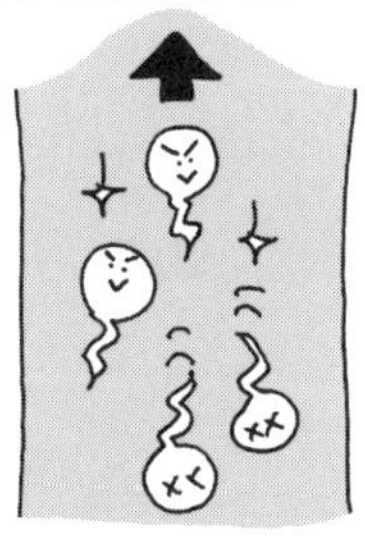

膣の中の酸性の粘液に、アルカリ性の
精子は弱い。半数以上の精子が脱落する。
さらに異物を攻撃する白血球にもやられ
かなりの数の精子が脱落。

5

④ 精子が運命の分かれ道にたどりつく

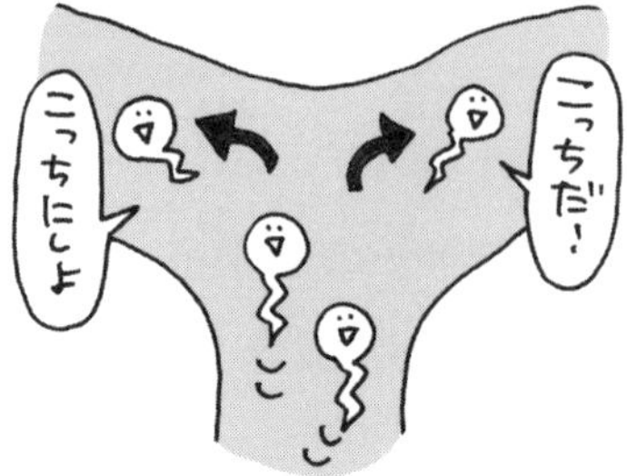

卵管と卵巣は左右にひとつずつあり、
どちらの卵巣から卵子が出るかは
わからない。卵子をめざして、
精子もふた手に分かれる。

⑤ 卵子と出会う

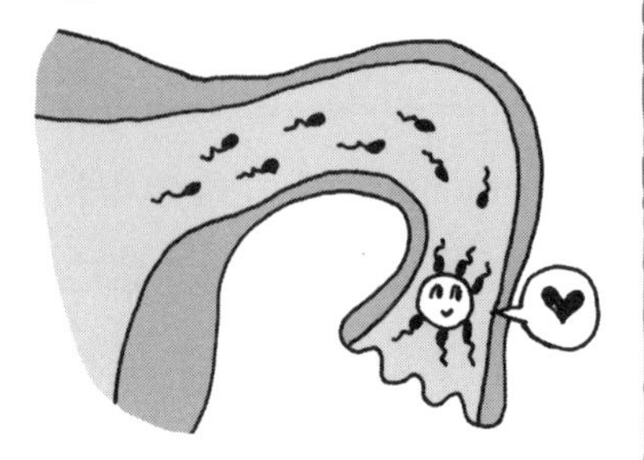

卵管にいる卵子を精子が取り囲む。
子宮の中で卵子は24時間、
精子は3日間しか生きられない。
この間に出会わないと赤ちゃんになれない。

⑥ 卵子と精子が合体

卵子の厚い壁を破ったたったひとつの
精子だけが、卵子の中に入り込み、
ほかの精子をシャットアウトして、
合体して受精卵になる。

⑦ 受精卵となり子宮に進む

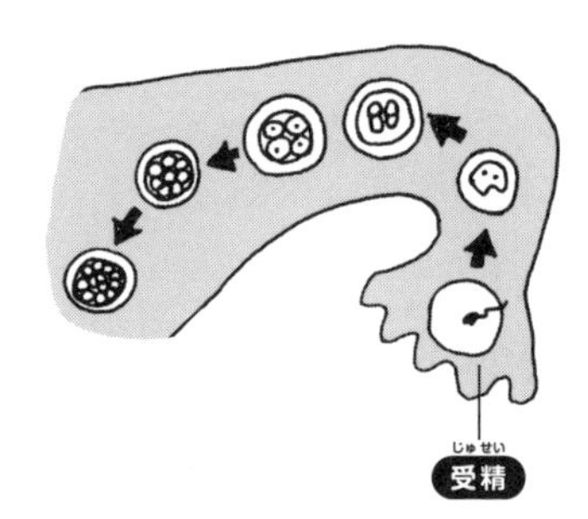

4～6日間かけて
細胞分裂をしながら子宮へ移動。

⑧ 子宮に着床して妊娠

受精卵が子宮内膜に到着。
さらに細胞分裂をくり返し、赤ちゃんになる。

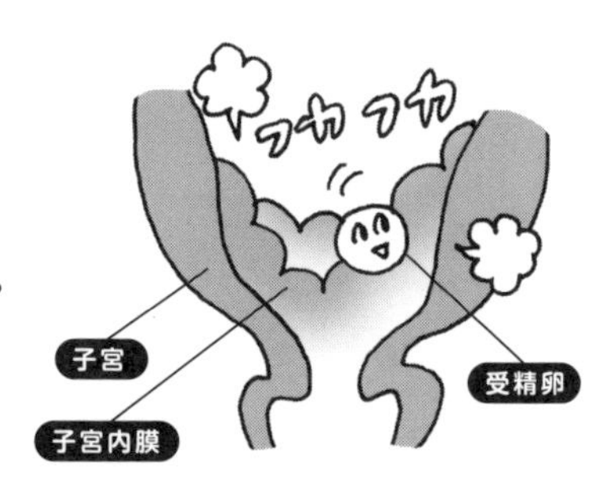

生理のしくみ

女性は、大人になると、毎月生理（月経）があります。
これは「妊娠できる体である」というサインです。

❶ 月に1回、
赤ちゃんの元になる卵子が
卵巣を破って出てくる。

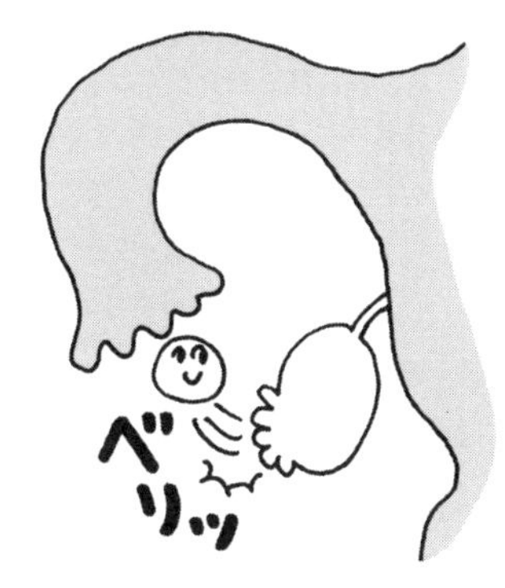

❷ 卵子は卵管で精子と
受精するのを待つ。

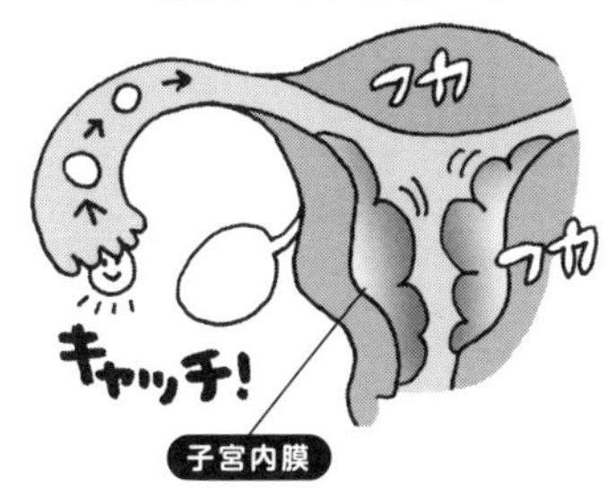

子宮の内側の子宮内膜という組織が、
赤ちゃんができるときのベッドに
なるよう、1ヶ月かけて分厚くなる。

❸ 排卵後24時間で
卵子は死んでしまう。

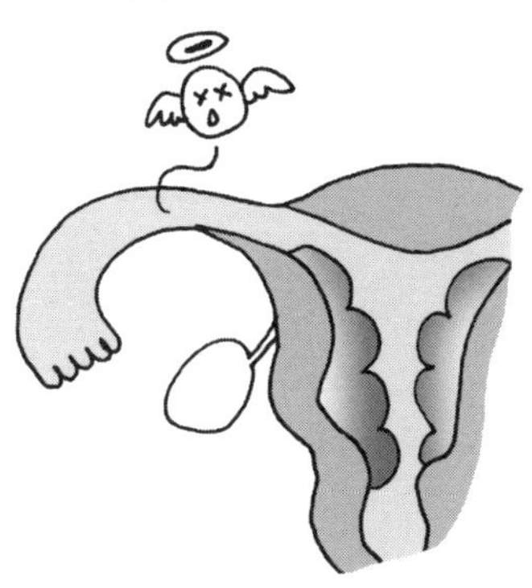

❹ 卵子が死んで、
必要がなくなった
子宮内膜がはがれ落ち、
そのときに出た血と
混ざって膣から出てくる。

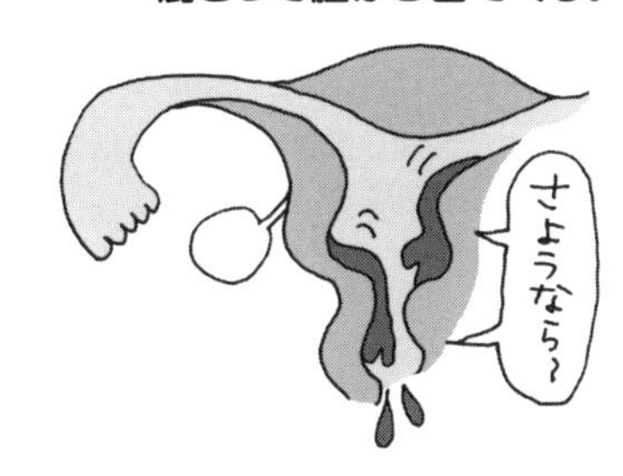

生理の日のすごし方

生理の日も普段通りに過ごして構いませんが、
つらくならないように以下のことに気をつけましょう。

体を冷やさない

腹巻きをしたり、
冬は貼るカイロを
腰のあたりに貼ったり、
温かい飲み物を飲む
など体を
温めましょう。

ナプキンはまめにとりかえる

もれないように、
2〜3時間に一度はとりかえる。
少し多めのナプキンと
捨てるところがない場合用の
ビニール袋を持っていると
よいでしょう。

プールは見学してもOK

プールや大浴場では、
タンポンがおすすめですが、
気になるようであれば、無理して
入らなくてもいいでしょう。

痛くなったらすぐ薬を飲む

薬は効くまでに
少し時間がかかるので、
生理痛でつらいなと
感じ始めたらすぐに
薬を飲みましょう。

もしも下着が汚れたら

なるべく早めに、水かぬるま湯で洗う。
液体洗剤やせっけんをつけ、
しばらくつけ置きをしてから
もみ洗いしましょう。

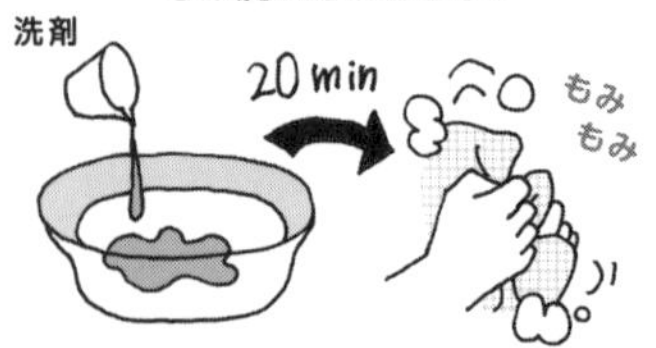

眠るときは、バスタオルを

ふとんにもれるのが心配なときは、
厚手のパンツをはいたり
おしりのあたりにバスタオルを
敷いておくと
安心です。

性教育カード

8

生理用ナプキンの使い方

生理の血がもれないように、正しくつけて、

こまめにとりかえましょう。

ナプキンのつけかた

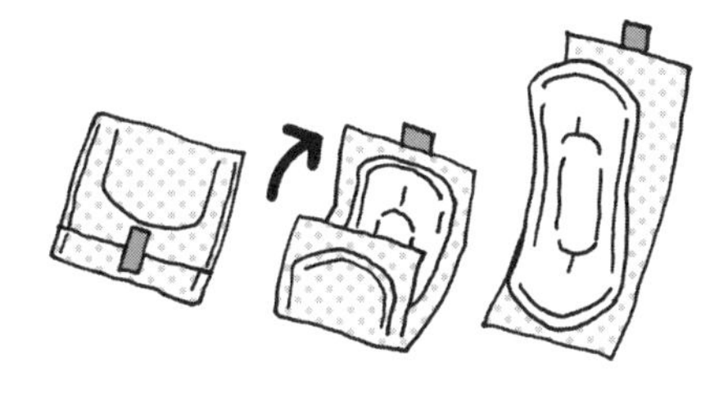

1 ナプキンを包んでいる紙をはがしてナプキンを取り出す。

2 ナプキンをショーツにつける。

*長いタイプは前後をたしかめること。
羽つきナプキンは、
羽をショーツの股(また)部分の
一番細いところにあわせる。

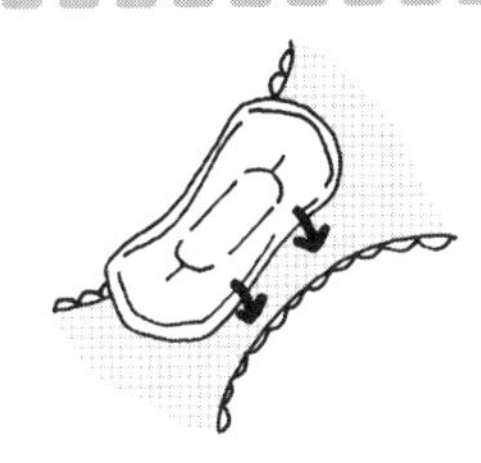

3 羽つきは羽を折り返す。股の部分が二重になっている生理用ショーツの場合、上の1枚目の布のうらに羽を折り返して貼(は)りつける。

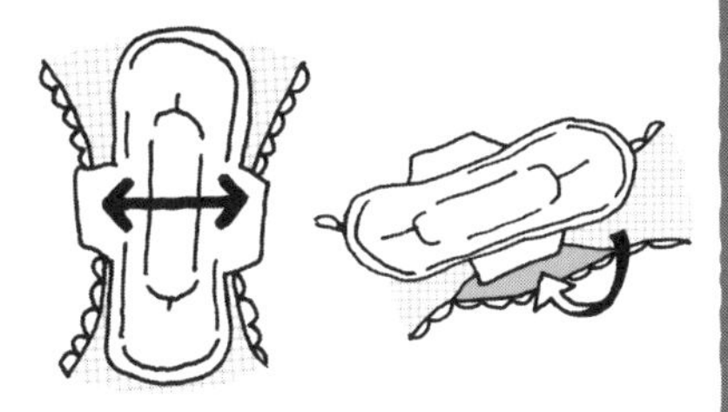

持ち運ぶときは…

ポーチに入れて運んだり、ハンカチでひとつずつ包んでおくと便利です。

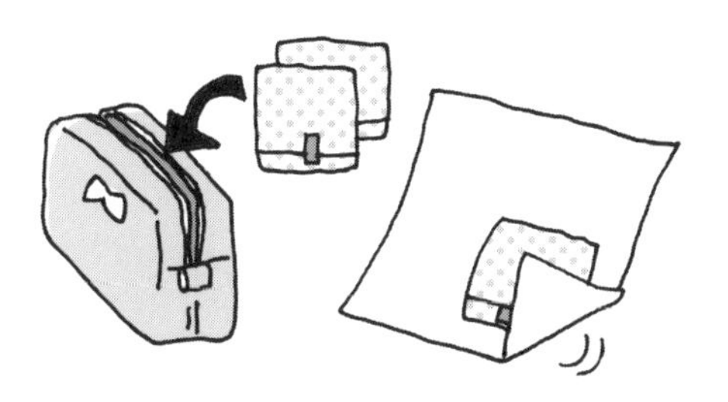

生理用ナプキンの捨て方

使ったナプキンは、
においがもれないようにしっかり包んで捨てましょう。
絶対にトイレに流してはいけません。

1 羽つきナプキンの場合、羽をはずし、使用ずみナプキンをはがします。

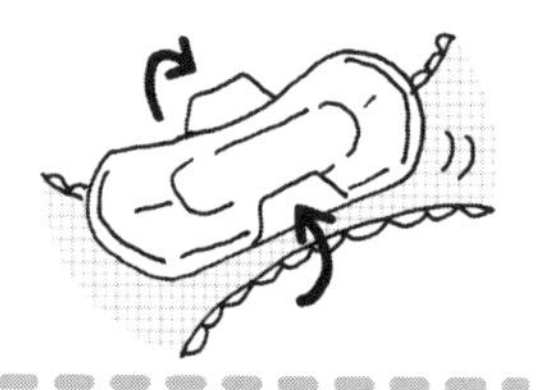

2 経血がついて汚れている面を内側にして丸めます。

羽つきの場合は、羽を裏側に折りたたみます。

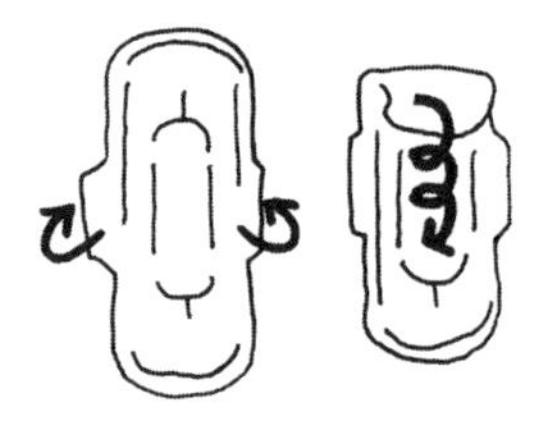

3 交換する新しいナプキンを包んであった紙にくるんで丸め、テープで止めます。

包み紙がない場合は、トイレットペーパーにくるみます。

4 生理用品用のゴミ箱に捨てます。トイレには絶対流しません。

ゴミ箱がないときは、トイレットペーパーに包んだり、ビニール袋に入れて持ち帰ります。

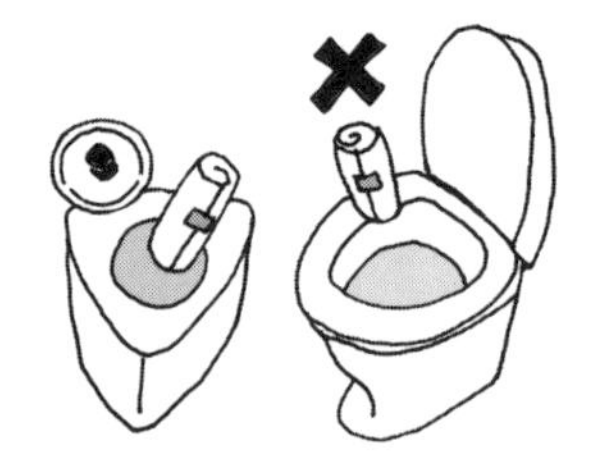

性教育カード

10

コンドームのつけ方・はずし方

コンドームの装着を失敗して
妊娠してしまうことがよくあります。
安全のために、女性も男性任せにせず、
しっかりつけ方・はずし方を覚えてください。

1

使用前は必ず手を
清潔にする。
ツメなどで傷つけない
よう気をつける。

2

袋を開けるときに
コンドームに傷がつかないよう、
コンドームを下のほうにずらす。

3

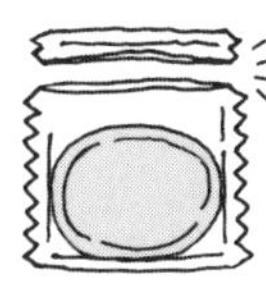

袋のふたを
切り開ける。

4

指で押し出して取り出す。
ゴムの巻き方などで
コンドームの表と裏を確認する。

5

精液だまりの
ところをつまみ、
空気をぬく。

6

ペニスの皮（包皮）を
根元側によせ、
コンドームをかぶせ、
そっと根元までおろす。

7

射精後は、精液が
もれないように、
すぐにペニスの根元のコンドームを
おさえ膣から抜き、はずす。

8

精液が
もれないように縛って
ティッシュに包んで捨てる。

男の子に伝えたい大切なこと

みんな誰かの大切な人です。
SEXをするときは、お互いを尊重しましょう。

相手がお酒を飲んで酔っても、
「SEXしてもOK」
ということではありません。

デートすることをOKしたから
といって、「SEXしてもOK」
ということではありません。

男性の家に行った、女性が
自分の家に招いたからといって、
「SEXしてもOK」
ということではありません。

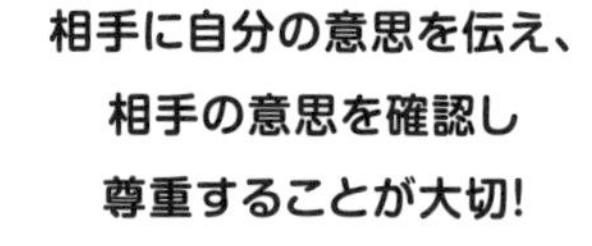

相手に自分の意思を伝え、
相手の意思を確認し
尊重することが大切!

ちなみに、AVやエロ本、エロ動画の
ほとんどはファンタジーだから
信じちゃダメです。

監修●宋 美玄(ソン ミヒョン)

産婦人科医　医学博士・性科学者
日本周産期・新生児学会会員、日本性科学会会員。1976年兵庫県生まれ。
一男一女の2児の母。子育てと産婦人科医を両立、
メディア等への積極的露出で"カリスマ産婦人科医"として様々な女性の悩み、
セックスや女性の性、妊娠などについて女性の立場からの積極的な啓蒙活動を行っている。
著書に『女医が教える本当に気持ちのいいセックス』(ブックマン社)、
『産婦人科医ママの妊娠・出産パーフェクトBOOK　プレ妊娠編から産後編まで!』(内外出版社)などがある。

マンガ●カツヤマケイコ

1975年京都府生まれ。一男二女の3児の母。
百貨店勤務を経てイラストレーター&漫画家に。
著書に自身の子育てを描いた『ごんたイズム』シリーズ(双葉社)、
『まるごとわかる保育園』(自由国民社)などがある。

産婦人科医 宋美玄先生が

娘に伝えたい

性の話

2020年2月24日　初版第1刷発行
2021年8月7日　　第2刷発行

監修者……宋美玄
発行人……小澤洋美
発行所……株式会社小学館
〒101-8001
東京都千代田区一ツ橋2-3-1
編集　03-3230-5446
販売　03-5281-3555

印刷・製本……凸版印刷株式会社

ブックデザイン…名和田耕平デザイン事務所　編集協力…田中美保
協力…小木曽健(グリー株式会社)(P.20-21 / 92-93)
ユニ・チャーム株式会社(P.40-42)　松本俊彦(国立精神・神経医療研究センター)(P.138-151)
校正…玄冬書林　DTP…昭和ブライト
編集…片山土布　制作…太田真由美　販売…大下英則　宣伝…野中千織

●この本の情報は2019年12月現在のものです。

　ISBN978-4-09-388752-6